人文社科
高校学术研究论著丛刊

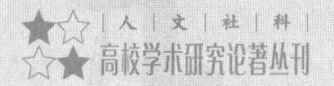

幼儿教师口语表达训练的系统性研究

谢小辉 著

中国书籍出版社
China Book Press

图书在版编目 (CIP) 数据

幼儿教师口语表达训练的系统性研究 / 谢小辉著.
-- 北京：中国书籍出版社，2021.6
　ISBN 978-7-5068-8436-5

　Ⅰ.①幼…　Ⅱ.①谢…　Ⅲ.①幼教人员 – 汉语 – 口语
– 研究　Ⅳ.① H193.2

中国版本图书馆 CIP 数据核字（2021）第 066898 号

幼儿教师口语表达训练的系统性研究

谢小辉　著

丛书策划	谭　鹏　武　斌
责任编辑	于　震
责任印制	孙马飞　马　芝
封面设计	东方美迪
出版发行	中国书籍出版社
地　　址	北京市丰台区三路居路 97 号（邮编：100073）
电　　话	（010）52257143（总编室）　（010）52257140（发行部）
电子邮箱	eo@chinabp.com.cn
经　　销	全国新华书店
印　　厂	三河市德贤弘印务有限公司
开　　本	710 毫米 × 1000 毫米　1/16
字　　数	239 千字
印　　张	11.25
版　　次	2022 年 1 月第 1 版
印　　次	2022 年 1 月第 1 次印刷
书　　号	ISBN 978-7-5068-8436-5
定　　价	64.00 元

版权所有　翻印必究

目 录

第一章　绪　论 …………………………………………………… 1
　第一节　口头语言 ………………………………………………… 1
　第二节　幼儿教师口语概述 ……………………………………… 6
　第三节　幼儿教师口语的学习 …………………………………… 12
　第四节　加强幼儿教师口语训练的意义 ………………………… 23

第二章　幼儿教师口语基础训练研究 …………………………… 31
　第一节　普通话概述 ……………………………………………… 31
　第二节　普通话语音训练 ………………………………………… 35
　第三节　普通话水平测试训练 …………………………………… 48
　第四节　汉语发音原理和技巧 …………………………………… 58

第三章　幼儿教师口语表达训练研究 …………………………… 67
　第一节　朗读训练 ………………………………………………… 67
　第二节　态势语训练 ……………………………………………… 80
　第三节　演讲训练 ………………………………………………… 85
　第四节　讲幼儿故事训练 ………………………………………… 90
　第五节　儿歌诵读训练 …………………………………………… 96
　第六节　看图讲述 ………………………………………………… 100

第四章　幼儿教师教学口语训练研究 …………………………… 104
　第一节　教学口语概述 …………………………………………… 104
　第二节　教学口语的分类训练 …………………………………… 113
　第三节　幼儿教师资格证考试面试和求职面试的口语训练 …… 120

第五章　幼儿教师教育口语训练研究 …………………………… 133
　第一节　教育口语概述 …………………………………………… 133
　第二节　教育口语的分类训练 …………………………………… 139

第六章　幼儿教师交际口语训练研究……154
第一节　交际口语概述……154
第二节　与幼儿家长的交际口语训练……156
第三节　与领导的交际口语训练……163
第四节　与同事的交际口语训练……166
第五节　与社会相关人员的交际口语训练……169

参考文献……172

第一章 绪 论

具有适宜的工作交际口语能力,会在一次谈话中获得效果、受人欢迎,能使许多不相识的人携起手来,能使许多彼此不发生兴趣的人互相了解、互相感到需要,在工作中排难解纷,消除人与人之间的误会,清除他人的疑虑和迷惑。工作场所中的沟通与口语表达是一个人文明的标志,也是一个人文化、学识、修养、道德、情操、能力、才华等各方面综合素质的体现。

第一节 口头语言

一、口头语言的概念

口头语言是人类特有的交际工具,在人类历史上口头语言始终伴随着人们的日常生活,是人类赖以生存的基本工具之一。在一定的情况下,人们调动自己的多种感官与能力来表达自己并了解别人,这些众多的因素共同作用,最终表现为一种能力,即一种与别人建立信任的能力,一种达成信任开放、和谐一致境界的工作交际的口语沟通能力,因此,语言具有不可替代的社会功能。

口语是研究口头语言运用规律的一门应用语言学科,是在理论指导下培养人们社会生活中口语运用能力的技能训练课程,该课程实践性较强。

二、口头语言的特点

当代社会科学技术的飞速发展,传播手段的日新月异,以及人们生产生活方式的改变使口头语言得到空前的重视和广泛的应用,重新审视口语的功能,从中发现当代社会口语交际呈现以下四个特点。

(一)应用的范围不断扩大

现代传媒技术的发明普及,使口语交流突破时空界限,除了最常用的电话、手机外,人与人之间的交际交流还不断出现更加快捷方便的方式,如介于口头语言与书面语言之间的手机短信、微信、网上视频聊天等形式。总之,在科学技术水平发展日新月异的当代社会,口头语言交际的应用范围越来越大,并且呈现快速发展的趋势,在某些领域已经取代了其他交流方式,如有条件使用电话、手机的人很少再用书面语言联系沟通,"家书抵万金"的时代正在成为历史,此外还有多媒体音像制品等有声语言的应用以及电视、电脑的普及对纸质媒介的冲击等。

(二)口语表达要求的专业化、职业化

现代化的物质文明改变着人们的生存方式,激烈的社会竞争、快节奏的生活,使人们必须变"讷于言而敏于行"为"快于言而敏于行"。据说,在欧美国家收视率最高的电视节目,就是谈话类的"脱口秀";我国传媒行业众多的播音、主持人中,那些知识渊博、思维机敏、口才超群的"名嘴"往往一夜之间成为"明星",受到亿万观众的欢迎甚至崇拜,主持播音也成为非常令人向往的职业;在逢进必考的国家公务员、事业单位录用等所谓的"体制内"人才选拔考试中,即使是在笔试中百里挑一、甚至是千里挑一的佼佼者,也有可能在占总成绩二分之一的、以口语形式进行的面试中功亏一篑;在就业难压力大的职场,口试是考核应试者综合素质的重要环节,有的大学毕业生为了找到理想的岗位而专门参加语言交际培训进行语言包装,甚至到医院做声音美容手术;南方某大学专门开设淑女班、君子班,按着魏晋文学家嵇康在《诫子书》中"去小人之卑恭,用君子之谦裕"的标准,培养知书达理、大方得体、卑亢适度、刚柔并济,会说话、会走路,有学识、有修养、有气质的人才。

(三)理论研究向实用、实践方向发展

口头语言属于应用语言学的范畴。近十几年来,我国此方面的研究得到突破性的进展。我国朝着注重实践、注重应用方向发展,同时,改革开放市场经济的繁荣使现实生活中语言应用领域越来越宽阔,语言现象越来越丰富,为理论与实践相结合的研究的深入提供了丰富的语境,反过来积极影响语言学研究的价值取向和发展趋势。

(四)语言应用中母语的规范性亟待加强

改革开放以来,现代化中国每天都在发生着变化,世界性的文化交流影响和现代资讯技术的使用,使语言交际中出现了新的问题,如电脑打字致使很多人"提笔忘字"、汉语拼音与其他民族拼音文字诸如英文字母的混淆、汉字电脑录入中的拼音同音字导致大量同音错别字的出现,加上网络语言在年轻一代中的滥用和以讹传讹,汉语使用中从书面语言到口头语言的不规范现象十分严重。台湾著名作家张晓风为此担忧,她说:"现在华人地区一个普遍现象是学生英语没学好,中文也没学好。如果一个民族自己的语言学得糟、烂,却成为别国语言的殖民地,那不就成为'亡国奴'了吗?"她举例说,"现在大家话都不会说了。比如都说'女士们、先生们',其实这是不对的。中文应该说'各位女士、各位先生',因为中文的先生、女士不用多数。"此外,现实社会俯拾皆是的语言不规范现象,人们的习以为常、容忍漠视等更加令人担忧。2008年,国家语委汉字应用能力水平等级测试在全国十个省、市、自治区进行试点。汉字应用能力水平测试主要是考查对汉字字量的掌握、汉字形音义的辨识和使用、阅读书写的综合表现等,测试成绩分为三个水平等级。这是继普通话水平测试以后国家在语言文字规范化方面的又一重大举措。有关部门的负责人还表示,除了汉字应用能力以外,还将开发口语交际能力、汉字书写等级以及其他相关的语言文字标准,作为教师教育教学的依据,也将会成为各种职业从业标准的要求之一,同时为外国人到中国来学习、就业提供相应的标准。

三、提高口语表达的方法

口头语言表达能力的提高非一日之功,无捷径可走,必须经过认真学习、刻苦训练方能见效,为此建议从以下几方面努力。

(一)提高自身文化素质

在物质文明发达的当代社会,现实五光十色,人们心浮气躁,很多人渴望成功,梦想一夜成名,却忽视了文化修养和内在品质的提高,不懂得"慧于心而秀于言"的基本道理。因此,出色的语言表达能力以丰厚的文化积淀为基础,是一个人优秀内在素质的外在体现。具体包括品德、常识和表达能力三方面的内容。

每个人都要与时俱进,不断学习,不仅要精通本学科专业知识,还应通晓相近学科的知识。表达能力包括口头语言和书面语言两种形式,但说与写相辅相成、相互促进。书面语言是口头语言的基础,准确精练的书面语言是口头语言的模式,要勤动脑、勤动笔、勤动口,训练提高自己的口语表达能力。

(二)提高思维能力

说话是将内部语言迅速转化为外部语言。内部语言也就是思维活动,课堂教学就是教师把自己思维的过程和结果外化成口头语言,从而使学生感知和领悟的过程,因此,良好的口语能力取决于教师思维的质量,取决于对内部语言转化的速度,当然思维能力高下的根本还是教师的综合文化素质。因此,要加强逻辑思维能力训练,提高语言的条理性和逻辑性;加强形象思维能力训练,提高语言的生动性、形象性;加强直觉思维能力训练,提高自身的应变能力,以保证不同语境即兴说话的自然流畅。

(三)口语训练要长期持久

口语表达能力的提高是一个长期渐进的过程,不能急于求成。从时间安排上,教师口语应从低年级开始进行梯度训练,每个学生应根据自身基础制订训练计划,学前教育专业的学生多数是女生,要充分利用女性语言感知接受能力较强的优势,经过不懈努力达到比较理想的普通话等级;语音发音技巧的掌握须根据发音要领逐一体会,在训练过程中掌握并熟练运用,从而形成稳定的技能;幼儿教师教育教学语言及交际口语,更要经过与不同交际对象在不同语言环境的交流互动,在大量言语交际活动实践中逐步提高,从而运用自如,达到预期效果。

四、口语表达的技巧

口头语言是人们交流思想、表达情感、传递信息的工具。口头语言运用得好与坏,将直接影响着沟通交流的社会效果。所以要想提高沟通质量,就必须研究和掌握口语的语言特点。口头语言是经过精心锤炼和构筑的,是生活化的语言,它的语汇、句式和语气都有浓厚的口语色彩。

(一)口语表达要清晰、流畅、响亮

口语中营造气氛最关键的便是充满生命力的声音,口语表达时可以抑扬顿挫,像一个优秀的指挥家,将语言的表达当作一首优美的交响乐随意指挥,随心所欲地演奏出扣人心弦的乐曲,把控整个氛围。

(二)口语表达的重音技巧、停顿和节奏的运用

重音具有区别词义的作用,读重读轻表达的意思不一样,生活中经常运用重音,重音在生活中必不可少。例如:"这篇文章的大意是什么","大意"是"大概"的意思,如果把"意"轻念,就是"粗心"的意思。所以,重音具有区别词义的作用。语法重音是按句子的语法规律重读的音,语法重音是有规律的,重音的位置一般比较固定,一般主谓词组和短语中的谓语稍重些。

(三)口语表达的停顿

语法停顿又叫自然停顿,一个词的中间是不能停顿的,从语法上说中心语与附加语往往有一个小小的停顿,书面语用标点符号表示要停顿的地方。按标点符号停顿。停顿时间长短是:句号(包括问号、感叹号)>分号>冒号>逗号>顿号。省略号和破折号停顿的时间酌情而定。按词组停顿。一般主谓之间、谓宾之间、修饰语与中心语之间等,都可以停顿。按结构停顿。停顿时间长短是:段落>层次>句子。为了强调某一事物或突出某种特殊情感所作的停顿。要求声停情不断,声断意相连。

(四)口语表达的节奏变化技巧

说话要有节奏,该快的时候快,该慢的时候慢,该起的时候起,这样有起伏,有快慢,有轻重,才形成口语的乐感和悦耳动听,否则话语不感

人、不动人。口语中这种带规律性的变化,叫节奏,有了这种变化语言才生动,否则便是呆板的。

第二节 幼儿教师口语概述

各行各业都有自己的职业用语,幼儿教师这个职业也不例外。幼儿教师口语是指幼儿教师在进行教育教学过程中所运用的符合一定规律的工作语言。幼儿教师职业口语是经过长期的教育教学实践总结出来的,是符合教育教学的一般规律、幼儿年龄特征和认知发展规律的,也是符合现代人际交往的礼仪规范的,是幼儿教师实施教育教学工作最基本最常用的手段,是教师和幼儿之间沟通的桥梁。

一、幼儿教师口语的概念

每个人在社会生活中都有多重身份,扮演多重角色。有些身份是与生俱来的,比如为人儿女;而有些是人们自主选择的,如幼儿教师。幼儿教师职业口语就是以幼儿教师这一角色出现在教育教学和社会活动中所运用的符合一定规律的工作语言。

幼儿教师口语是教师"传道、授业、解惑"的主要工具,是各级各类学校教师、师范类院校学生必备的职业能力。自1993年原国家教委颁布《师范院校教师口语课程标准》以来,不同版本的教师口语教材相继出版,教师口语也成了师范院校实践性很强的必修课。跟随历史前进的脚步,新世纪的教师教育在教育理念、学历层次、培养模式等方面发生了重大变化,对师范院校学生包括口语表达在内的基本能力也提出了新的更高要求,教师口语也被赋予了时代性的内容。

幼儿教师口语课程是研究幼儿教师口语运用规律的一门应用语言学科,是在理论指导下培养学前教育专业学生在教育教学过程中口语运用能力的教师职业技能训练课程,该课程实践性较强。未来幼儿教师要通过本课程的学习,打造良好的职业素养,为未来从事幼儿教育工作做好充分的准备。

二、幼儿教师口语的特点

各行各业都有规范的行业用语,因为语言交流的对象不同,行业用语有着鲜明的行业特征。在教学目的、教学内容及训练方式等方面,幼儿教师口语与其他类型的教师口语基本相同,要求语言具有规范性、逻辑性、启发性、激励性的同时,还应该注意突出自身职业特点。

幼儿3岁入园,至6岁离开幼儿园上小学,要在幼儿教师的陪伴下度过三年时光。幼儿教师面对的是3～6岁这个特殊的群体,这一时期的幼儿注意力时间短,好奇心强,主要以形象思维为主,对语言的敏感性和模仿力极强。幼儿教师职业口语是实施教育教学工作最重要的手段和工具,它和一般教师职业口语有着相同的共性,但又因教育对象的特殊性,使得幼儿教师职业口语呈现出鲜明的个性。

(一)简洁标准,示范性强

3～6岁的幼儿正处在学习语言的黄金期,主要靠观察和模仿来学习语言,幼儿教师是幼儿最主要的模仿对象,因此幼儿教师必须要说标准的普通话,而且说话的语法要符合现代汉语的语法规范,在此基础上,幼儿教师还要做到语流通畅,语气亲切,音量适中,这样才能为幼儿起到示范和榜样的作用,并能确保教育教学的顺利进行。

幼儿语言的获得多由模仿产生,教师是幼儿主要的模仿对象。这种天然的"向师性"使他们往往会把教师的行为视为楷模。教师只有使用规范的语言,才能对幼儿起到示范作用。教师语言的规范性主要表现在日常用语的标准规范和教学内容的严谨规范两个方面。

教师必须使用标准规范的普通话进行教育教学,在语音、词汇、语法等方面都要符合普通话的要求,做到发音清楚、吐字准确、不念错字、不使用方言,拒绝网络流行词和不文明用语;此外幼儿教师所传授的知识必须符合科学的规范,语言准确严密,给幼儿正确的引导。

(二)趣味性强

幼儿阶段思维的特点是具体、形象,他们容易接受直观、生动、具体的事物,对概念的感知和理解,更需要借助于形象。因此,幼儿教师要善于运用语言创造直观形象,来帮助幼儿了解各种抽象的事物、词语、概念。趣味性强是幼儿教师的口语区别于其他学龄段教师口语的显著特点。富有童趣的语言是一种贴近幼儿生活,符合幼儿年龄、心理特征和接受水平的语言。趣味性语言应当成为幼儿教师的"常用语",这样不仅能够缩短教师和幼儿的情感距离,还能扣动幼儿的心弦,激发幼儿的联想和想象,充分调动幼儿的兴趣和求知欲,强化教育效果。

(三) 艺术性强

语言是一门具有无穷魅力的艺术,作为一名幼儿教师,语音标准规范非常重要,但是仅讲一口标准流利的普通话还是不够的,幼儿教师应当在口语表达规范准确的基础上,努力提升语言的表现力和感染力,追求口语表达的艺术性。试想一下,一个口语表达干瘪枯燥、平淡无趣的幼儿教师,怎么会赢得幼儿的喜欢呢?幼儿教师的口语表达主要以有声语言为主,态势语为辅,相比较其他学龄段的教师,幼儿教师的语气语调甚至态势语都要更夸张一些,在视觉和听觉上给幼儿以强烈的刺激,吸引幼儿的注意力。

(四) 针对性强

作为一个群体,3~6岁的幼儿具有共同的特点,但是具体到每一个年龄段的幼儿,他们的思维水平、知识水平、对语言的领会和接受水平都有很大差别,即便是相同年龄的幼儿也会有性格、认知水平等方面的不同。针对幼儿的这种差异性,幼儿教师在教育教学过程中应该因人用语,因材施教,使每个幼儿在其原有水平的基础上都得到发展。

每个幼儿都是独立的个体,都有自己的个性,所以幼儿教师要在幼儿心理学和幼儿教育学的理论支持下,不仅要了解每个年龄段幼儿的共同特点,还要了解每个幼儿的性格、爱好等,这样在教育教学过程中才能由浅入深、因人而异地进行活动指导和沟通交流,以达到让每个孩子都健康发展的目的。

三、幼儿教师口语的主要类型

幼儿教师职业口语使用范围很广,形式也丰富多彩,主要的类型有

第一章 绪 论

幼儿教师教学口语、幼儿教师教育口语和幼儿教师交际口语。

（一）幼儿教师教学口语

幼儿教师教学口语是教师为了达到教育教学目标，组织幼儿进行教学活动时使用的语言，是幼儿教师指导和鼓励幼儿学习、引导幼儿探索和表达的最重要手段，也是教师传递知识技能、表达情绪情感的手段，体现着教师的教学素养和教学水平。幼儿园集体教学活动是幼儿在园一日生活的重要内容。教师通过集体教学活动向幼儿传授知识技能，帮助幼儿体会情绪情感，建立集体意识，养成遵守集体活动常规的习惯。所以幼儿教师必须熟练地掌握、灵活地运用教学口语。

教学口语是幼儿教师从事教学活动时所使用的工作用语，是教师精心设计准备的有目的、有计划地组织全体幼儿进行有效学习的活动。由于幼儿的年龄特点，幼儿园集体教学活动的实施、开展与完成主要依靠教师的口语。

优美生动的教学口语，是吸引幼儿注意力和增强教学感染力极为重要的因素。幼儿教师如果拥有较高的语言修养，会为其教学活动增添无穷的魅力。从教学口语的表达形式上来说，教学口语以有声语言为主，辅之以面部表情、手势动作等，具有口头语的特点，因为是教学用语，受教学内容和教学目标的约束，比起一般口语来，随意性和灵活性更小，更显规范和严谨；从教学内容和教学活动设计上来说，教学口语反映的是一个教师的教学理念，如果不能组织幼儿有效地完成知识和技能的学习，再好的口语表达技巧也是徒劳的。所以高质量的教学口语一定是表达内容和表达形式的完美结合。

（二）幼儿教师教育口语

苏霍姆林斯基说："教育的基本态度应是选择适合儿童的教育，而不是选择适合教育的儿童。"教育家马卡连柯也曾说过："忽视人的多样性和硬把教育的任务问题放进对所有的人都适用的一句话里面，那会是不可思议的粗枝大叶。"对待每个孩子都需要一把特殊的钥匙，如果用相同的钥匙去开启每个孩子的心灵之锁，那么不是钥匙会坏，就是锁打不开。幼儿教师在具体的工作中一定要充分理解和尊重幼儿发展进程中的个体差异，支持和引导他们在原有水平上向更高水平发展，切忌用一把"尺子"衡量所有幼儿，不简单地与同伴做横向比较。

幼儿园教师不仅承担着"教书"的职责，更肩负着"育人"的使命，培养幼儿良好的道德品质和行为规范是幼儿教育的工作目标之一。教育口语是指幼儿教师根据党和国家的教育方针，有目的地对幼儿进行思想品德和行为规范教育时使用的工作用语。它是幼儿教师完成教育教学任务不可缺少的工具，也是教师和幼儿、家长沟通的桥梁。

《幼儿园教育指导纲要》中规定："幼儿园德育教育应以情感教育和培养良好行为习惯为主，注重潜移默化的影响，并贯穿于幼儿生活及各项活动之中。"3岁以上的幼儿已形成了初步的道德感，他们通过交往和模仿学习，逐步掌握了一些行为规范和道德标准，开始理解哪些是"好的"，哪些是"不好的"。幼儿入园以后，教师要通过多种方法和途径，帮助幼儿提高道德认识，规范道德行为，形成正确的道德观念和良好的道德习惯。

（三）幼儿教师交际口语

幼儿教师交际口语是指以幼儿教师这一角色参与教育对象（幼儿）之外的其他工作交往和社会活动时所用的语言。如与家长、同事、领导及社会人员之间的口语交流都属于幼儿教师交际口语。幼儿教师交际口语是教师口语的重要组成部分，良好的口语交际能力可以让幼儿教师顺利开展教育教学工作，可以让幼儿教师创造和谐的人际关系。

四、幼儿教师口语的重要作用

幼儿教师应当认识到，在教育教学之外的交际场合中，教师的交际对象虽然不再是幼儿，但仍是一种工作语言，依然扮演的是幼儿教师这个社会角色，因此教师要注意通过得体的语言，体现教师的职业内涵和文化修养，坚持真诚待人，说话不卑不亢、大方得体，维护教师形象。

（一）促进幼儿理解能力

面对不会认字、不会写字的教学对象，幼儿教师施教的主要工具是口耳相传的口头语言。口语以语音为载体，由语音表现的音节、词句以及语调构成表音系统，借助语音的快慢强弱、千变万化来表情达意。

语音诉诸人的听觉,停留的时间非常短暂,有实验表明人的耳朵接收到的信息,清楚地留在记忆中的时间仅有七八秒钟便被新的语言刺激所代替,前面听的话就模糊不清了,口语传播实质上是一个连续不断的语言流动、记忆转换的过程。语音是千变万化的,不同的语音承载着不同的信息,语音上的"差之毫厘",可能会造成语义理解上的"谬之千里"。语音稍纵即逝的特点,决定着人们接收口语信息时无法像书面语那样,可以反复阅读、仔细品味。

(二)对幼儿产生榜样作用

幼儿的语言发展大部分是通过没有外界压力的自然观察和模仿而完成,没有语言范例,幼儿的语言就得不到正常发展。在幼儿园里教师的语言无疑是幼儿模仿的对象、学习的典范,因此教师所使用的语言客观上具有很强的示范性。

教师语言对幼儿语言发展的影响有时是有意识、有计划的,有时是无意识、无计划的。有意识、有计划的影响包括帮助幼儿理解学习和行为要求,学习一些规范性的语言表达方法、语言交往规则,纠正语言错误。例如:当某一幼儿无意间踩了另一幼儿的脚时,教师会提醒这位幼儿:"丁丁,你应该对佳佳说什么?""对,应该说'对不起'。"再如:一幼儿对老师说:"妈妈说我们明天去了外婆家。"老师通过重复幼儿的话来纠正幼儿语言中时态动词使用的错误:"哦,你是说你和妈妈明天要到外婆家去呀……"教师说话的语气、风格等也可能成为幼儿模仿的对象,为幼儿所习得。幼儿经常会在家里和爸爸、妈妈等人玩"上课"的游戏,学着老师的样子说:"小朋友们,现在我给大家讲个有趣的故事……我看哪个小朋友认真听? ……妈妈小朋友听得最认真,我喜欢她,我要给她一朵小红花……"从幼儿的这段话中,能够看到教师的影子,不是教师有意识的传授,而是幼儿无意间自然获得的,是教师语言潜移默化影响的结果。

如果教师在与家长交流时经常使用方言,则有可能会引起幼儿的好奇和注意,产生负迁移。因此,每一位教师必须清楚地意识到自己的语言行为可能对幼儿产生的榜样作用,从而更加自觉地说普通话。

（三）体现教学内容的综合性

口语表达是一种创造性的精神活动，它综合了人的多方面素质和才能，调动了说话人的语言思维等各种因素以达到交际目的。口语表达的过程是一个由语言到思维，再由思维到表达的多重转化过程，是调动说话人的多方面素养和潜能综合而成的系统工程，在这个过程中离不开观察、记忆思考、联想想象等智力因素的参与，也同时受说话人知识、阅历、经验、情感、气质、性格等非智力因素的制约。

与中小学教师不同，幼儿园教学活动虽然有纲要、计划的具体要求，但仍具有很大的机动性，教学内容、课外活动的安排往往受客观条件影响，如时令、气候、场所等，认识雨雪等自然常识活动最好安排在下雨下雪的日子，计划中的户外活动也可能会因为气候的变化而临时取消，这就要求幼儿教师口语表达具有应变性和综合性，其中，思维应变能力有很大的作用，每个幼师生都要在普通话培训测试的过程中锻炼自己，提高自己。

第三节　幼儿教师口语的学习

一、幼儿教师口语课程的学习内容和目标

幼儿教师口语课程的学习内容和目标主要有三个方面：

（一）普通话训练

通过训练，学生能够说标准或比较标准的普通话，为下一步进行一般口语训练和开展教育、教学等工作奠定基础。读准普通话声母、韵母声调，进行准确的音节拼读，掌握语流音变的规律，具备一定的方言辨正能力。

作为以普通话为职业语言的幼儿教师，应该正确处理普通话与方言的关系。职业的示范性要求每个教师必须在教学活动中使用和推广普通话；同时也要认识到方言作为民族文化的"语言活化石"功能。中国是一个多民族、多语言、多方言的发展中国家，共有80余种民族语言，

以民族语言为依托的各民族文化源远流长,异彩纷呈,形成了多元统一的中华文化特性。同时,拥有10多亿人口以汉语为母语的汉民族,也形成了种类多样、纷繁复杂的地方方言,除了上述几大方言区域,还有许多种次方言和数不清的地方土语。

从情感依托和文化传承方面讲,方言是历史留给中华民族的珍贵遗产,是本土文化积累之后注入每个人灵魂深处的信息。无论现代文明如何洗礼,每个人都有一种很深的乡土情结和寻"根"意识,正所谓"乡音无改鬓毛衰";方言还是一种文化的载体,一个地方独特的风俗、习惯往往在方言里有着种种体现,从这个意义上讲,方言还对不同历史年代地域文化演变的研究起到标本作用。

(二)一般口语技能训练

学生要掌握科学的发声方法和发声技能,做到语音响亮、圆润、持久不衰;掌握一般口语交际技能,做到听话准确、理解快、记得清,有一定的辨析能力;说话清晰、流畅、得体,有一定的应变能力,语态自然大方。

就幼儿教师而言,社会角色十分明确,但交际角色则会发生变化。在工作上,无论是和家长还是同事或领导交往,会出现交际角色和社会角色的重合;但是,走向社会情况就截然不同,如去饭店、公园、医院、菜市场等不同场所,其交际角色随时随地在发生着变化。因此,一个人的言语交际能力的高低除了其他因素外,与其能否意识到自己角色的变化并且及时做出相应调整是密切相关的。

在一般情况下,每个人的语言风格是相对稳定的,并与其社会角色相一致。当然,随着交际角色的改变,言语风格也应该有适当的变化。所以,口语交际要注意对象,就是见什么人说什么话。如和同学、朋友交谈,就需自然平和、坦诚真挚、淳朴实在,不应装腔作势、虚情假意、咬文嚼字;而和长辈、老师说话,就需落落大方、彬彬有礼、恭敬谦虚,不应扭捏作态、语言粗俗、不懂装懂;和家人或关系密切的人交谈,就需真诚直率,不能口是心非。总之,一切语言手段的运用都必须恰当正确,既符合话题内容,又符合语言情境,尤其是要与说话人的年龄、职业、身份、地位相吻合、相协调,否则就会产生滑稽感,令人啼笑皆非,甚至导致交际失败。

(三)教师职业口语技能训练

初步掌握教育、教学口语的基本技能,能够根据不同的教育、教学和其他工作情景的需要,调控声音的高低强弱,运用口语表达技巧,口语表达做到科学、严谨、简明、生动,具有启发性和感染力。

理解幼儿教师教学口语的特点;认识幼儿教师教学口语在组织各课程领域教学活动中的作用和在语言教学活动中的地位;掌握教学口语的不同类型及基本技能;设计各种类型的教学用语,运用应变和调控的技能,培养语言的机智灵活性。在学习和训练过程中紧密联系幼儿园教学实践,同时要注意各部分内容的综合运用[①]。教师有目的、有计划地引导幼儿主动参与活动,在教学活动中扮演幼儿学习的合作者、支持者和引导者。

一个教师,如果在语言修养上达到了较高水平,教学过程就会有一种无形的吸引力。苏霍姆林斯基指出:"对语言美的敏感性,这是促使孩子精神世界高尚的一股巨大力量。这种敏感性,是人类文明的一个源泉所在。"幼儿教师的教学口语不仅要符合一般的语言规律,更要符合幼儿教育的特殊要求,适应不同年龄幼儿的心理特征和语言接受能力,这样才能达到预期的教学效果,实现教育教学目标。因此,掌握和运用教学口语艺术是幼儿教师的基本素质。

二、幼儿教师口语的学习方法

选择一种职业就多了一个社会角色,就像演员饰演角色一样,做一名合格的幼儿教师,需要做好各种准备,职业语言准备就是角色准备中重要的环节。要想提高口语表达能力,必须认真学习理论知识,掌握规律,并进行反复实践练习,才能够收到良好的效果。

(一)多学习,读懂表达的理论

理论的学习可以避免训练的盲目性和随意性。比如,普通话中的儿化韵,如果没有掌握普通话韵母的儿化规律,就无法分辨"鲜花儿"和"小鸡儿"这两个词中儿化韵的不同发音。按照儿化规律,音节末尾

---

① 新时期幼儿教师口语训练实践研究[M].北京:中国书籍出版社,2017.

是 a 的,韵母不变,在后面加 r(卷舌动作)。如:"鲜花儿"中的"花儿"读作 huar;韵母是 i 的,后面加 er。如:小鸡儿中的鸡儿读作"jier"。如:汉语拼音方案中,iou、uei、uen 三个韵母与声母相拼,要省写为 iu、ui、un。比较而言,声调是上声、去声时,它们中间的元音音素就很弱。汉语拼音方案所定的省写形式正是运用了音位学的某些原理,掌握了这个知识,在拼合这些音节时才能做到动作完整和自然流畅。

(二)多模仿,提高表达的水平

在口语训练中,模仿法是一种简单易学、娱乐性强、见效快的方法。正如古人所说的,"法乎其上,得乎其中"。看电视新闻时,我们可跟着播音员学说标准的普通话;看电视剧时,我们可以模仿不同角色的对白,锻炼自己的声音模仿能力;听广播时,我们也可以模仿电台主持人说话的语调、语气,锻炼语感,纠正自己的方言语调。因此,要想练好口语表达,只要留心,处处有我们学习的老师,时时可以找到模仿的对象。我们还可以根据自己学习中遇到的问题,针对性地寻找模仿对象。例如,在学习如何绘声绘色讲故事时,可以找中央电视台少儿频道主持人月亮姐姐讲故事的视频,模仿其讲述时的神态、动作、语气和语调。只要有毅力,通过反复的模仿练习,并在模仿中有所创造,我们的口语表达能力就能得到提高。

(三)多积累,丰富表达的内涵

好的口语表达不只是普通话标准,还必须言之有物,言之有理。口语表达的训练目的是为了能更好地和不同的人进行交际,而与人交流时,谈什么、怎么谈非常重要。通过阅读书籍、报刊,看电视节目,浏览各大门户网站,积累天文、地理、历史、娱乐、时政等方面的知识;通过参加各种活动,增加人生的历练,积累生活方面的知识。这样不管是与家人,还是朋友、同学交流时,才能对各种事物发表自己的看法和观点。

(四)多描述,训练表达的思维

表达思维的训练往往容易被忽视,但却是权衡表达水平的关键点。一是要注重普通话表达思维的训练。说普通话的过程中,有些同学还要把头脑中的方言翻译成普通话,很容易导致普通话和方言交替出现的现象。这就要求我们在平时就要把普通话培养成潜意识语言,用普通话思维进行阅读,当表达时就会流利自然起来。二是注意表达的逻辑思维训练。说话要突出重点,按照一定的顺序,有条理地进行表达,尽量做到用词准确、表达精练。要做到这点,就要多进行描述训练,也就是把所看到的景、事、物、人用描述性的语言表达出来。因为没有现成的文字材料,需要自己组织语言进行描述,因此通过描述法训练可以提高语言组织能力和语言的条理性。

三、幼儿教师口语训练类型

幼儿教师口语课程的学习内容和目标需要理论与实践相结合,讲授与训练相结合,在基本理论知识学习的基础上,通过长期不懈、刻苦认真地训练才能提高口语表达的能力。因此,不但要完成教材提供的训练内容,还要自觉主动地从课外或生活中选取素材予以配合,为以后的学习打好基础。幼儿教师口语训练包括教学口语、教育口语和社会交际口语三方面的训练,具体训练内容将在第四、五、六章详细阐述,这里不做展开。

四、幼儿教师口语常见问题分析纠正

幼儿教师口语是教师口语的分支。它既有一般教师口语的共性,又因教育对象的特殊性,具有独特鲜明的个性。因此,一般中小学教师常见的口语问题,幼儿教师都会有所表现;同时还会因教育对象、工作环境、性别因素等出现幼儿教师所特有的口语问题。

幼儿教师是人生中的启蒙老师,幼儿园的各种教育教学活动多以教师口传身授的形式完成,幼儿教师语言的规范、语音的准确不但直接影响着教育教学的效果,还可能会奠定幼儿一生语音面貌的基础。幼儿园一日活动的过程绝大多数是师幼口语交流的过程,在大量的言语活动中每个人都难免言多语失。根据幼儿教师在单向交流、双向交流及肢体语言交流中常见问题的各种表现,进行分类纠正和训练。

(一)单向交流中常见问题分析与纠正

面对天真无邪、充满好奇心、满脑子"十万个为什么"的幼儿,合格的教师要知识丰富、表达准确;同时,还要有求真务实的科学态度,知之为知之,不知为不知,不可敷衍了事、不懂装懂。否则,就会出现知识性、常识性的错误,这是一个教师最大的败笔。

1. 知识贫乏,词汇单调

在现实生活中,每个人都有自己的知识积累,包括生活知识、专业知识等;每个人也都会有自己的语言积累,包括语音、词汇、语法、修辞方面的知识等。丰富的知识储备是口语表达永不枯竭的源泉。在知识广博的前提下,掌握较为丰富的词汇,就会使口语表达左右逢源,既准确又流畅。

幼儿教师是幼儿学习语言的楷模,由于幼儿的年龄特点,幼儿教师与幼儿的交流方式主要是口头语言,因而教师的语言素养直接关系到与幼儿的交流沟通,也直接影响到教育教学效果[①]。新《课标》中,在教育信念与责任里要求"教师是幼儿学习的引导者和支持者",教师的知识、语言丰富与否,关系到教师教育机智的发挥,新活动方案主题的生成,关系到教学的成败。正如苏霍姆林斯基说:"教师的语言修养,在很大程度上决定着学生在课堂上脑力劳动的效率。"

幼儿教师的语言应当形象生动,富有感情,避免空洞无物、枯燥乏味。幼儿的年龄特点决定了他们喜欢生动的、有趣的、形象的、活泼的语言,加上教师丰富的表情和得体的动作,更容易被幼儿所接受和模仿,有利于幼儿语言的发展。如果幼儿教师语言素养不够,就会在教学活动中出现重复啰唆,话语干瘪,缺少生动、丰富的词语,缺少语调的变化,不善于用近义词、同义词表达同一内容的现象。

2. 思维混乱,条理不清

思维是口语的内化,口语是思维的外在表现。一个幼儿教师如果没有较好的思维品质,就不会有较好的语言表达能力。如果思维混乱,就会出现语言表达上的逻辑性错误。

幼儿园里的知识传授以教师的介绍讲解为主,教师对幼儿的指导主要有两条途径,即言传和身教。言传就是通过语言讲解、传授;身教则是示范、演示。当幼儿对活动的内容不理解,有畏难情绪时,教师再

---

① 潘文杰.幼儿教师口语常见问题分析与纠正(一)[J].赤峰学院学报(汉文哲学社会科学版),2007(4).

用示范或演示的方法加以说明。即便如此,示范和演示在多数情况下也是伴随着语言讲述进行的。其中,各个学科都有一套专业的概念、术语,知识点之间又有着内在的逻辑关系。这就要求做到:用语规范,表达严密。不能信口开河下定义,不能想当然解释词语,不能模棱两可不懂装懂,更不能出现知识性的错误。有的幼儿教师试图用自己的语言阐释说明某些专业知识、解释一些术语、概念时,就往往出现语言不够严密、解释不够准确的现象。

教学口语是按照一定的教学目标展开的,怎么导入,怎么讲授,在什么地方提问,怎么点拨,都要精心设计,遵循其内部构成层层展开。否则,没有把握知识内在的联系,随意解说,就有可能造成教学口语的杂乱无章。教学口语混乱无序的表现是:说话跑题或话题变来变去,让人不知所云;信口开河,把握不住中心;东拉西扯,最后偏离了主题甚至忘记了预设的话题。

3. 网络语言的滥用

不能否认,网上交流已成为人们现代生活的一部分,网络语言因其生动、诙谐、幽默并极富表现力而存在于人们的网上交流活动中,甚至还跑出"网"来,成为日常口语与文学作品的一部分。幼儿教师要注意根据语境适度把握,在生活中或网络的虚拟世界适当使用,而在幼儿园工作中则要杜绝未被最新版《现代汉语词典》收录的网络语言,以准确、规范的语言为幼儿做出表率。

网络语言的使用,要有规可依、有章可循,汉语是有五千年历史的、世界上使用人口最多的语言,没有规矩不成方圆。作为未来的幼儿教师,要贯彻落实国家语言文字方面的政策法规,做语言文字规范化的宣传者、实施者,积极使用新版《现代汉语词典》中审定的新词语,自觉抵制未经通过审定的网络词语,讲普通话,写规范字。

4. 语音、语速与语调问题

在正常情况下,幼儿教师口语音量应做到:音量大小适度、音速徐疾相间,根据内容、听众的需要做适当调整,要让人跟得上,听得懂。

语速是指语流的速度,是指说话和朗读时每个音节的短长和音节之间连接的松紧。口语转瞬即逝,使得语言节奏是否合理成为信息交流的必要保证。语速快慢要考虑两个因素:一是口语的形式,即朗读与交谈的节奏各异;二是说话的对象,成人和幼儿接受程度不同。由于性

第一章 绪 论

格和习惯等原因,有的幼儿教师在口语表达中语速过快或过慢。

语调是指说话的腔调,就是一句话里语音高低轻重的配置。为适应思想感情表达的需要,说话或朗读时,句子总是有高低升降的变化,这种变化就形成了语调。语调是有声语言所特有的,是口语中表达各种语气的声音色彩。说话或朗读时,借助丰富多彩的语调,可以增强有声语言的感染力和说服力。同一句话,用不同的语调,可表达不同的思想感情。有的人说话和朗读时,不能根据思想内容的需要使用语调,总是按照自己固定的语调进行,声音前高后低,前强后弱,或者相反。语调没有明显变化,把复杂变化的语调形式固定成为一种格式,形成一种固定的调子。

(二)双向交流中常见问题分析与纠正

在幼儿园教育教学中,教师每天都要和幼儿、家长、同事等进行交流沟通,在各种形式的沟通中,语言沟通对于幼儿教师来讲具有极为重要的意义。语言沟通具有双向性的特点,它是沟通双方一种信息的交换,或者是一种情感的交流,沟通的效果就取决于沟通双方的沟通能力。以下重点探讨幼儿教师在双向交流中常见的几个问题,如语境不当、忽视交流对象、打断对方谈话、超前判断、假意倾听和"耳误",阐述了原因并重点提出了纠正的办法,旨在帮助幼儿教师提高语言沟通的能力。

1. 语境不当

语境就是指语言环境,在双向交流的时候,我们都希望把话说得恰当得体,所谓恰当得体就是指在当时的语境中,说话的内容、说话的方式恰到好处。谈到语境,角度和分类有所不同:有的按主客观语境来分,客观语境包括社会背景、时空场合、沟通对象等,主观语境则指说话者,包括说话者的身份、职业、思想、修养、年龄、性别、情绪等方面;有的分为大语境、中语境和小语境,大语境是社会背景,中语境一般指时空场合,而小语境则是上下文或说话中的前言后语。

凡是语言的沟通都离不开具体的语境,这个语境或者是语言交流时的社会大背景,或者是具体交流时的时间场合、空间场合等,不论是哪一种语境都对语言沟通的内容和方式有制约作用。如果没有充分认识到语境的这种制约作用,那么谈话的内容和方式就不会适应当时的语境,换句话说,就是因为忽略了语境的因素,而使用了不恰当的交流内容或交流方式,这就是我们所说的语境不当。

2. 忽视交流对象

兵法上说:"知己知彼,百战不殆。"语言交流也是一样,不仅要"知己",还要充分做到"知彼",对交流对象的职业、文化水平、性格特点等都要有一个比较充分的了解,并根据掌握的情况选择恰当的交流方式。日本社会心理学家古烟和孝曾说过:"即或是最有效的发送者传播最有效的信息内容,如果不考虑接受者方面的态度及其条件,也不能指望获得最大效果。"因此,对于双向交流的任何一方来说,如果忽视了对象的存在,在交流中以自我为中心,那么就不会保证信息的准确传达和接收,从而影响交流沟通的效果。

在幼儿园的教育教学中,幼儿教师常常和幼儿、家长打交道,一旦忽视了交流对象,就会带来不必要的麻烦。幼儿教师如果不注意家长爱面子的心理,直截了当地指出了孩子的缺点,而且还指责家长的过错,沟通就难免失败了。一般来说,教师找家长谈话时,最好先肯定幼儿的长处,以表扬为主,取得家长信任后,再冷静客观地说出孩子存在的问题。

语言交流具有双向性的特点,不论是在公共场合还是和别人随意交谈,说话人不能想说什么就说什么,而要从对方的角度考虑谈话内容和方式,创造和谐的交流氛围,达到说话的目的。

3. 打断对方话题

在双向交流中,很多人不能够专心听别人说话,时常走神,表现得心不在焉,而且当对方谈兴正浓时,突然插嘴打断对方,从听话者变成说话者,显得很不礼貌。一般来讲,喜欢打断对方谈话的人常常是那些表现欲比较强的人,这样的人喜欢在双向交流中以自我为中心,自己滔滔不绝、侃侃而谈,全然不顾他人的感受;喜欢狡辩的人、好为人师的人、不懂得尊重他人的人往往如此。

在人际交流中,人们只有学会尊重,才会有真正意义上的沟通。要有以"交流对象"为中心的意识,在交谈中每个人都有表现欲,同时也有被发现、被承认、被赞赏的心理需求,如果只热衷于表现自己而轻视他人的存在,对自己的一切津津乐道,对他人的一切不屑一顾,以自我为中心,那么就会造成交流的失败。人一定要学会控制情绪,一个不能很好控制自己情绪的人,就无法在交流中占据主动地位,甚至因为自己的言语不当而让交流变得一塌糊涂。对于幼儿教师来说,学会尊重交流对象是成功沟通的前提。尤其当面对的沟通对象是幼儿时,更要放下教师的架子,专心聆听,不随意打断幼儿的谈话。即使在幼儿口齿不清,或表达不十分流畅的时候,教师也不能越俎代庖,随意打断幼儿说话。

4. 超前判断

语言沟通具有双向性的特点,一方发送信息,一方接收信息并试图理解信息。对于接收者来说,在接收信息的过程中,需要对信息作出分析、判断,从而正确了解谈话人的真正意图。判断应该是在对接收的信息作出全面分析的基础上进行的,但是在很多时候人们往往忽略了作出判断之前的分析工作,单纯按照自己的经验和理解提前判断接收到的信息,揣测发送信息一方的意图,这就是所说的超前判断。

避免超前判断就要做一个优秀的倾听者,尊重交流对象,有足够的耐心倾听对方的谈话,直到谈话结束。尊重交流对象就要把他放在和自己平等的地位上,在师幼交流中,这一点尤其重要。优秀的倾听者不仅会用耳朵听,还要会用眼睛"听",察言观色,捕捉对方的非语言信息,在日常生活中,人与人之间的交流和沟通,信息的传递,非语言信息起着非常重要的作用。非语言信息构筑成信息传递的一个重要组成部分。此外,还要注意倾听谈话者的语言特征,比如语调、语气等,以此来判断谈话人的真实想法。加强对交流对象的了解。如果对沟通对象的性格、学识、生活环境、家庭背景等有一个比较全面的了解,就会有效避免超前判断的发生。要想真正了解别人的内心或谈话意图,就应避免用自己的观点来解释从别人身上看到的现象。

5. "耳误"现象

"耳误"是指在双向交流中,由于客观环境或交际双方某种主观因素影响而出现的误听。出现误听的原因很复杂,其表现形式也各有不同。出现在不同语境中的误听,由此产生误解,有时会造成严重的"误事"后果。

避免"耳误"要注意以下几点:精神专注集中,不能一心二用,交流中没听清楚的问题不妨再次询问;选择适当的通话环境,接听电话的地点具有随机性、街道、商场、车站、公交车上等,这些地方声音嘈杂,不利于沟通,可以根据需要主动要求另约时间再交流;节奏缓慢、语调适中、吐字清晰、语言简洁;用重音、重复等突出交流内容里的关键词,如时间、地点、人名地名、号码数字。

(三)肢体语言交流中常见问题分析与纠正

美国著名心理学家艾帕尔·梅拉别斯说:信息的总效应 = 10% 的文字 +35% 的音调 +55% 的面部表情。可见,教师所传授的信息能否为对方所接受,很大程度上需要借助于教师的肢体语言。

1. 不良身姿语

身姿语包括站姿、坐姿、走姿。站立姿势是教育教学活动中最主要、最常用的一种姿态。要求教师稳健、挺直,令教学对象感到可信赖,有利于稳定其情绪,振作其精神。不良的站姿,要么显得姿态不雅,要么显得对人不够尊重。若不加以克服,不仅会使本人形象受损,也会给幼儿起到不良的示范作用。总之,一个教师要时时注意自己的举止言行,坐有坐相、站有站相,达到古人所要求的"坐如钟、站如松、行如风"。

2. 错误手势语

在所有的态势语言中,教师对手势语的使用频率最高。幼儿教师经常在教育教学中借助手势语的配合达到教学目标。使用时应做到协调、恰当、自然。过于夸张则显得不真实,带有表演性;过于死板则显得拘谨、机械、缺少生气;手势语过多过乱则喧宾夺主,分散孩子的注意力。

幼儿教师在手势语运用时存在的问题有:小动作太多,诸如抓耳挠腮、挖鼻孔、挖耳朵、摸头发、手沾唾液翻书或讲稿、撸胳膊挽袖子、用敲击发出的声响警示幼儿;双手插在衣服口袋内,双手抱在胸前,双肘支于讲台上,用两手托住下巴,长时间用双手撑着讲台;对幼儿指指点点。任何一个孩子都不会向背着手、怒视自己、抱起双臂高高在上或训斥自己的人敞开心扉、吐露心声。

3. 不注意仪态语

仪态包括仪表和仪容两方面。仪表是指说话者的身材、容貌、姿态、服饰等。这些虽然都是外在因素,但在某种程度上也反映着一个人的内在精神气质,体现出文化素养和审美观念。作为教师,仪态、服饰打扮:一要庄重、整洁、典雅,能显示出教师丰富的精神世界和个人修养;

二要符合教师的年龄、性别、性格、体态、脸型、肤色等方面的特点,力求做到协调、自然;三要体现职业特点,朴素大方,既不要过分花哨、新潮,也不要过于古板、随便。

幼儿教育的职业,要求教师在仪容上格外注意,首先应有良好的卫生习惯,面要净,不可浓妆艳抹;发要理,不可过于夸张招摇;也不必穿金戴银、首饰繁杂,以免造成意外事故。良好的仪容能反映出教师的个人风采,展示教师的社会职业形象,从而培养孩子正确、健康的审美情趣。整洁的面容,端庄的外貌,优雅的姿态,能使孩子产生愉悦感和安全感。

4. 滥用目光语

目光语主要是指人的眼神,这里也包括人的面部表情。面部表情是最丰富、最能传情达意的肢体语言。心理学家艾尔特·麦拉比恩在一系列实验研究的基础上证实:有55%的信息是通过面部表情来进行交流的。许多学者发现儿童的特点是首先把注意力集中在人的面部。面部表情反映着一个人的精神面貌,幼儿教师的面部表情应该是亲切、真诚、和蔼,给孩子温暖、踏实、可信赖的感觉。幼儿教师的表情应是严肃时不冷漠,热情时不放纵。

在面部表情中目光语最富有表现力,是教师"心灵的窗户",孩子既能从老师的眼神中读到赞许、信任、鼓励和肯定等积极情感,也能读到否定、怀疑、嘲讽、轻蔑等消极情感。在教学对象面前,教师要目光分配合理,通过丰富恰当的目光语进行双方的互动交流,要把目光的中心放在人群中间略前的位置,并经常兼顾其他,以便随时调控,让教师的目光语成为活动现场氛围和学生情绪变化的"控制中枢"。

第四节　加强幼儿教师口语训练的意义

幼儿教师职业口语是经过长期的教育教学及工作实践总结出来的,是符合教育教学的一般规律和幼儿个性心理特征与认知发展规律的,也是符合现代人际交往礼仪规范的,是幼儿教师最基本、最直接的交流工具。学好幼儿教师职业口语,不仅能提高教育教学质量,还能建立良好的人际关系,更能提升个人的综合素养。幼儿教师口语是幼儿教师在教育、教学活动中,用标准普通话表达的,符合幼儿教育、教学要求的专业用语。加强幼儿教师口语训练,对提高未来幼儿教师的口语表达水平,乃至提高全民族的口语素质都具有十分重要的意义。

一、认真贯彻国家语言文字方针政策的需要

教育部、国家发展改革委、财政部联合印发的《关于实施第二期学前教育三年行动计划的意见》中明确要求"深入贯彻落实《3～6岁儿童学习与发展指南》",要"提高幼儿园教师、卫生保健人员的专业素质和实践能力",要"制订幼儿园教师培养规划"等,其中,"专业素质""实践能力""培养规划"等关键词都与幼儿园教师语言技能息息相关。

《中华人民共和国宪法》第十九条规定:"国家推广全国通用的普通话。"

《中华人民共和国国家通用语言文字法》第三条规定:"国家推广普通话,推行规范汉字。"第四条规定:"公民有学习和使用国家通用语言文字的权利。国家为公民学习和使用国家通用语言文字提供条件。地方各级人民政府及其有关部门应当采取措施,推广普通话和推行规范汉字。"第十条规定:"学校及其他教育机构以普通话和规范汉字为基本的教育教学用语用字。"教育部在1993年颁布的《师范院校"教师口语"课程标准》中明确指出,教师口语是"研究教师口语运用规律的一门应用语言学科,是在理论指导下培养学生在教育、教学等工作中口语运用能力的实践性很强的课程"。可以说,国家的语言文字方针政策有利于维护国家主权和民族尊严,有利于国家统一和民族团结,有利于社会主义物质文明建设和精神文明建设。

"百年大计,教育为本","教育大计,教师为本",人生百年,立于幼学。2010年《国家中长期教育改革和发展规划纲要》颁布实施,可见党中央、国务院越来越重视学前教育的发展,大力发展学前教育,已经作为贯彻落实国家教育规划纲要的一项紧迫任务。造就一支师德高尚、热爱儿童、业务精良的幼儿教师队伍,是学前教育事业发展的关键。教师质量决定着学前教育的质量,作为学前教育专业的学生,只有不断提高专业素质和实践能力,才能胜任未来幼教工作的需要。

幼儿由于识字少甚至不识字,在幼儿园就只能通过教师的口耳相传来学习,发展幼儿的语言学习,是幼儿自身的需要,也是全社会的责

任和义务,因此,幼儿园教育相对于其他阶段的教育来说,最大的特点是教师的口语使用特别多,即使用的是口语教学。幼儿期是学习语言的关键时期,幼儿教师面对的是刚刚完成咿呀学语的幼童,他们天性活泼,好奇心强,模仿能力出众。幼儿教师的语言要形象生动、富有感情,才能对幼儿产生认知影响、语言影响和情感观念等方面的影响。因此幼儿教师口语课程教学对积极贯彻国家语言文字工作的方针政策,增强语言规范意识具有十分重要的意义。

二、培养合格幼儿教师的需要

2011年10月在《幼儿园教师教育课程标准》里,关于"幼儿教师应具有的知识和能力"中要求"掌握观察、谈话、倾听、作品分析等基本方法,理解幼儿发展需要";国家教育部师范司、教育部考试中心在2011年7月公布的"中小学和幼儿园教师资格考试标准"中,要求幼儿教师的基本素养为:"1.了解自然和人文科学的一般知识,熟悉常见的幼儿科普读物和文学作品,具有较好的文学修养。2.具有较好的艺术修养和审美能力。3.具有较好的人际交往与沟通能力。4.具有一定的阅读能力、语言与文字能力、信息获得与处理能力。"

幼儿教师的教育对象是幼儿,幼儿有着其特定的心理和生理特点,因此,幼儿教师的口语表达必须要在了解幼儿、尊重幼儿的基础上,使教育教学语言富有童真童趣,符合幼儿的身心发展特点,使自身的语言表达成为规范的、文明的、优美的语言典范。通过幼儿教师口语课程的学习,培养学生正确的价值观,以及对有声语言艺术的欣赏力和表现力,使学生感知美、创造美,并在教学过程中,不断灌输给学生正确的教育教学观念,传达对幼教事业的热爱,使学生具备良好的幼儿教师素养,更好地成长为幼儿语言学习的入门教师。对此,一碗水和一桶水的比喻十分准确,特别是在科学技术和教育事业飞速发展的今天,随着国家物质文明和精神文明水平的提升,幼儿成长环境的改善、家长文化素质的提高,尤其是早期教育意识的增强,社会对幼儿园教育效果的期待和对幼儿教师的要求也逐步提高。

幼儿教师语言的特殊性与重要性,在于它面对的是一群语言能力处于萌芽状态,语言发展处于关键期的3~6岁幼儿。幼儿教师语言首先要做到为幼儿所理解,其次是给幼儿做榜样。看似简单的两点,做起来却并不简单。结合幼儿的年龄发展特点和需求,幼儿教师的语言应该是科学规范的,语言风格应该是积极正向的,能体现富有教育意义的专业素养。

幼儿园的一日生活环节诸多、琐事繁杂,在"一日生活皆教育"的背景下,要让幼儿教师的语言技能渗透到教育教学、生活运动、家园沟通、游戏活动各个环节中。幼儿教师语言是幼儿教育的重要手段。幼儿教师既要面对幼儿又要面对家长,既要群体交流又要个体沟通。这就需要教师掌握一定的语言技巧,既要标准、规范,又要体现人性化特点,这对幼儿的成长起着非常重要的作用。

幼儿教师的口语表达能力从一定意义上来说,是衡量教师教育教学能力的一个重要标志。幼儿教师职业口语不仅仅是一个语言表达的问题,它和教师的自身素养密切相关,我们很难想象,一个自身素养不高的人,他的口语能有多高的水准。教师素养具有很强的综合性,它包括职业情感、知识积累、个人心理素养以及把握事物的能力等因素。一个对所从事的职业缺乏感情的人,是不可能从内心深处去爱这个职业的。作为一名教师如果不热爱自己的职业,那他就不会真心爱幼儿,也就不可能用自己的语言去感染幼儿、打动幼儿。法国作家福楼拜曾说过:"明确的语言取决于明确的思想。"因此,不能单纯地把语言技能训练作为提高口语表达水平的唯一途径,还要注意不断加强幼儿教师的个人修养,这样才能使口语表达自信而富于魅力。

幼儿教师要提高自身的综合素质,有意识地加强自身的语言修养,才能完成好本职工作。而教师的语言修养绝非一日之功,需要日积月累地逐渐形成,必须加强对语言基本功的训练。幼儿教师的语言基本功训练包括了语音的训练,体态的训练,朗诵、演讲及主持的语言表达训练,儿歌、故事及童话剧的语言表演训练等。

三、直接影响幼儿语言行为的发展

加里宁说:"教师每天仿佛都蹲在一面镜子里,外面有几百双精细的、富于敏感的、善于窥伺出教师优点和缺点的孩子的眼睛,在不断地盯着他,世界上没有任何人受这样严格的监督,也没有任何人能给年轻的心灵以如此深远的影响。"《3～6岁儿童学习与发展指南》中指出:"幼儿期是语言发展,特别是口语发展的重要时期。"因此,在幼儿期培养幼儿的语言发展能力尤其重要。3～6岁的幼儿正处在语言的敏感时期,他们的语言大部分是通过观察和模仿而来的,缺乏一定的识别能力。如果没有良好的语言影响,幼儿的语言就得不到正确的发展。在幼儿园,教师无疑是幼儿模仿的对象、学习的榜样。所以,教师要在不同的生活情境中,运用恰当的语言技巧来促进幼儿语言的发展。

《幼儿园教育指导纲要(试行)》中指出,"教师的态度和管理方法应有助于形成安全温馨的心理环境。"《中小学和幼儿园教师资格考试标准》中指出:"理解教师的态度、言行对幼儿心理环境形成中的重要性,并能进行自我调控。"

幼儿阶段是儿童身体发育和机能发展极为迅速的时期,也是形成安全感和乐观态度的重要阶段。发育良好的身体、愉快的情绪、强健的体质、协调的动作、良好的生活习惯和基本生活能力是幼儿身心健康的重要标志,也是其他领域学习与发展的基础。其中心理方面的目标具体为"情绪安定愉快"和"具有一定的适应能力"。

幼儿教师作为幼儿的第一任老师,其对幼儿的影响是不可忽视的。幼儿第一次离开爸爸妈妈的怀抱走进幼儿园,能为他带来安全感的非家庭成员首先应该是幼儿教师。教师恰当的语言技巧,能让幼儿感受到教师是可亲、可近、可信赖的,幼儿园是温暖的,自己是快乐的。

期待幼儿形成健康的心理情绪,教师首先要保持良好的情绪状态。以积极、愉快的语言影响幼儿,体现尊重和平等;以欣赏的眼光看待幼儿,善于发现幼儿的闪光点;接纳幼儿的个体差异,不简单与同伴做横向比较,给予恰当的鼓励;幼儿做错事时要适当批评、分场合教育;不使用"你太笨了!""你是个坏孩子"等语言,来打击幼儿的自信心和自尊心;要用表扬的话语,配合肯定的语气、赞赏的眼神、鼓励的动作稳定幼儿的情绪,让幼儿产生安全感和信赖感。

幼儿的年龄特点决定了他不善于调节、疏导个人情绪。往往由于教师的忽视,而使幼儿言语过激、行为过激。而教师就要做到察言观色,用恰当的语言稳定幼儿情绪,疏导幼儿释放不良情绪,同理并接纳幼儿。发现幼儿不开心时,用亲切和蔼的语言耐心询问,了解消极情绪;鼓励幼儿表达自己的情绪,与老师、同伴分享自己高兴或生气的事;当幼儿发脾气时不硬性压制,陪伴左右,等其平静后再做进一步引导。

四、有利于幼儿社会性的发展

幼儿的社会性发展,是需要教师结合不同的情境,运用恰当的语言技巧来促进的。

当幼儿不知怎样加入同伴游戏,或提出请求不被接受时,建议他拿出玩具邀请大家一起玩,或者扮成某个角色加入同伴的游戏;对幼儿与别人分享玩具、图书等行为给予肯定,让他对自己的表现感到高兴和满足;当幼儿与同伴发生矛盾或冲突时,指导他尝试用协商、交换、轮流玩、合作等方式解决冲突;利用相关的图书、故事,结合幼儿的交往经验,和他讨论什么样的行为受大家欢迎,想要得到别人的接纳应该怎样做。

幼儿教师需要时刻关注幼儿的感受,保护其自尊心和自信心,能以平等的态度对待幼儿,使幼儿切实感受到自己被尊重;对幼儿好的行为表现多给予具体、有针对性的肯定和表扬,让他对自己的优点和长处有所认识并感到满足和自豪;不要拿幼儿的不足与其他幼儿的优点作比较。

与幼儿有关的事情要征求他的意见,即使他的意见与成人不同,也要认真倾听,接受他的合理要求;在保证安全的情况下,支持幼儿按自己的想法做事;或提供必要的条件,帮助他实现自己的想法;幼儿自己的事情尽量放手让他自己做,即使做得不够好,也应鼓励并给予一定的指导,让他在做事中树立自尊和自信;鼓励幼儿尝试有一定难度的任务,并注意调整难度,让他感受经过努力获得的成就感。

提醒幼儿关心身边的人,如妈妈累了,知道让她安静休息一会儿;借助故事、图书等给幼儿讲讲父母抚育孩子成长的经历,让幼儿理解和体会父爱与母爱;结合实际情境,提醒幼儿注意别人的情绪,了解他们的需要,给予适当的关心和帮助。

引导幼儿了解每个人都有自己的兴趣、爱好和特长,可以相互学习;利用民间游戏、传统节日等,适当向幼儿介绍我国主要民族和世界其他国家和民族的文化,帮助幼儿感知文化的多样性和差异性,理解人与人之间是平等的,应该互相尊重,友好相处。

对幼儿诚实守信的行为要及时肯定。允许幼儿犯错误,告诉他改了就好。不要打骂幼儿,以免他因害怕惩罚而说谎,年龄小的幼儿经常分不清想象和现实,成人不要误认为他是在说谎。

五、在家园沟通方面起积极作用

《幼儿园工作规程》(1996年3月9日国家教委令第25号)第四十八条规定,"幼儿园应主动与幼儿家庭配合,帮助家长创设良好的家庭教育环境,向家长宣传科学保育、教育幼儿的知识,共同承担教育幼儿的任务。"《中小学和幼儿园教师资格考试标准》中指出,教师应"理解协调家庭社区等各种教育力量的重要性,了解与家长沟通与交流的基本方法"。可见,幼儿教师与家长通过沟通交流建立和谐关系是幼儿教育成功的重要基础。

孩子的健康成长需要老师和家长的关爱,更需要老师和家长掌握科学的教育方法。作为专业的幼儿教师,不仅仅需要自己掌握科学的教育方法,更需要把科学的教育理念和方法通过各种沟通渠道传递给家长,这样才能形成有力的教育合力,促进幼儿的健康成长。

教师每天早晨从家长手中接过幼儿,每天晚上亲手把幼儿交到家长手中,这期间教师的一言一行家长都看在眼里记在心上。天长日久、耳濡目染,教师的科学的教育理念和方法自然而然地就传递给了家长。这就需要教师努力学习专业技能,随时注意自己的言行,对家长起到言传身教的作用。

幼儿教师的工作中,经常需要以多种途径与家长进行沟通。教师发给家长的每一条短信、每一封信件,每一次回复家长的问题,无不渗透着教师的教育思想,因此,教师要重视每次与家长的书面交流机会,严谨地组织文字,让科学的教育理念和方法在潜移默化中传递给家长,做到"润物细无声"。

幼儿教育是一项系统工程,需要家庭和幼儿园以及社会的共同努力,才能促进幼儿健康成长。与家长进行有效的沟通是每个幼儿教师必须具备的能力。

人与人传递友好情感最简便、最有效的方法就是微笑。一个友好的微笑是教师大方得体的表现,在微笑的同时配合礼貌的点头,会使交流取得事半功倍的效果。教师要学会一些简单的沟通礼仪。一是交谈礼仪,和家长交谈时要用眼睛注视对方,并且要和他们平视,也就是要站起来或者让家长坐下来对话;二是电话礼仪,使用亲切规范的问候语

"您好"，打电话时先确定对方是否方便通话，通完电话以"再见"结束，并在对方挂电话后再挂电话等。

总之，幼儿教师的语言技能体现在工作中的方方面面、每时每刻，只有掌握好幼儿教师语言技能，才能更好地胜任自己的工作，成为一名优秀的幼儿教师。

第二章 幼儿教师口语基础训练研究

语言是一个人的德行、学识和修养的外在妆容。普通话是世界上最优美的语言之一。讲一口标准流利的普通话是当代青年文明素养的重要体现,同时也是做一名合格幼儿教师的必备条件。普通话可以提升一个人的优雅气质,增添自身的形象魅力。

第一节 普通话概述

语言是人类最重要的交际工具。汉语是世界上历史悠久、影响广泛的语种,是联合国6种工作语言之一。汉语是世界上最发达的语言之一,是世界上使用人数最多的语言,据统计,目前使用汉语的人数为9亿多,约占世界人口的15%。普通话是汉语的标准语。

一、普通话的概念及历史演变

普通话是以北京语音为标准音,以北方话为基础方言,以典范的现代白话文著作为语法规范的现代汉民族共同语。普通话是现代汉民族共同语的通俗叫法,是现代汉民族共同用来交际的规范语言,也是《国家通用语言文字法》规定的国家通用语言。这里的"普通"并非"普普通通",而是"普遍共通"之意。

"以北京语音为标准音",指的是以北京话的语音系统为标准,但并不是把北京话语音读法全部照搬。普通话并不等于北京话,更不是最早的北京地方话。"以北方话为基础方言",指的是所用词语以广大北方话地区普遍通行的为准,同时也要从其他方言吸收较通行的词语。"以典范的现代白话文著作为语法规范",是指以现代优秀作家、理论家的作品和国家发布的各种书面文件等为规范标准。

普通话"以北京语音为标准音",是符合人们使用汉语的客观情况的。任何一个民族的共同语都需要有一个地点方言的语音作为标准音,而不能把不同地方的语音拼凑成一种标准音,汉民族共同语也是这样。普通话以北京语音为标准音,是我国历史发展的必然结果。

辽、金、元、明、清以来的数百年间,大多以北京作为都城,北京成为我国政治、经济和文化的中心,因此,作为北方方言代表的北京话,成为官府的通用语言传播到了全国各地,北京话的影响逐渐显著,地位日益重要。民国时期掀起的"国语运动"又在口语方面增强了北京话的代表性,促使北京语音成为全民族共同语的标准音。需要注意的是,"以北京语音为标准音"指的是以北京话的语音系统为标准,但并不是把北京话一切读法全部照搬,普通话并不等于北京话,那些北京人口语中的土音以及过多的轻声、儿化现象等并不包括在内。

二、普通话的特点

与世界上其他民族的语音系统相比,普通话有以下几个鲜明的特点:
(1)没有复辅音,音节结构简单整齐;
(2)音节中元音占优势,清声母多,发音清脆、响亮;
(3)有声调,且高低变化分明,不仅能区别单音节的意义,还使语音具有铿锵悦耳的音乐色彩;
(4)音节之间区分鲜明,使语音具有节奏感;
(5)词汇的双音节化,词的轻重格式的区分以及轻声、儿化的使用,使语言表达更加准确、丰富、悦耳。

普通话的语法标准是"以典范的现代白话文著作为语法规范",这个标准包括四个方面意思:"典范"就是排除不典范的现代白话文著作作为语法规范;"白话文"就是排除文言文;"现代白话文"就是排除五四运动以前的早期白话文;"著作"就是指普通话的书面形式,它建立在口语基础上,但又不等于一般的口语,而是经过加工、提炼的语言。

三、普通话是幼儿教师的职业语言

学校是推广和普及普通话的重要阵地,教师是宣传和使用普通话的主要力量。教师传道授业解惑的工作离不开语言,准确、规范的语言有助于教师更好地开展教育教学工作。对于幼儿教师来说,语言的示范性更强,要求更高。相关法规明确了学校、幼儿园是推广普通话的主阵地,普通话是教师的职业语言,在课堂上使用标准的普通话是每位教师义不容辞的责任。因为3～6岁的幼儿正处于语言发展的关键时期,他们学习语言的主要方式就是模仿成人,幼儿的模仿能力很强却又不具备辨识能力,因此,幼儿教师讲一口标准规范的普通话就尤为重要了。

对于幼儿教师来说,说一口标准流利的普通话不仅能给幼儿以正确的语音示范,还能让幼儿感受到母语的美好,激发幼儿学习母语的兴趣。幼儿教师面对的是3～6岁的幼儿,这一特殊的教育群体正处在语言发展的关键期,如果错过这一阶段,或者在这一阶段给孩子一些不恰当的指导或示范,那么幼儿很可能形成不良的语言交往习惯,甚至在将来有可能出现语言障碍。幼儿学习语言的方式主要是模仿,幼儿教师的语言应该成为幼儿学习语言的典范。另外,说一口标准流利的普通话,可以帮助幼儿教师顺利开展教育教学活动。幼儿教师标准清晰、生动形象、富有感染力的语言表达,不仅带给幼儿美的享受,还能提升教育教学效果,让幼儿更好地掌握知识和技能。

在国家教委颁发的《师范院校"教师口语"课程标准(试行)》中,关于课程内容的规定是:"本课程由普通话训练、一般口语交际训练和教师职业口语训练三部分构成。"明确指出:"普通话是教师的职业语言,普通话训练是前提,贯穿本课程始终。"正在试行的《全日制义务教育语文课程标准》(实验稿),已经把"口语交际能力"与"识字写字""阅读""写作"并列起来,并提出具体的教学要求。作为幼儿学前阶段的启蒙老师,学好普通话,在教学活动中使用普通话至关重要,这是由学前教育的特殊对象和规律决定的。

四、怎样学好普通话

要想说一口标准的普通话,克服方言的影响,并且顺利地通过普通话水平测试,就要掌握一定的方法、技巧,方法得当会达到事半功倍的效果。那么怎样才能学好普通话呢?

(一)学好理论

普通话学习不是盲目地练习,而是在理论指导下正确地实践。汉语方言与普通话的差别,从语音、词汇、语法三方面看,语音方面的差别最为突出,词汇方面的差别虽然也相当大,但没有语音那样明显,语法的差别最小。我们可以把学习的重点放在普通话的语音方面。

熟练掌握《汉语拼音方案》,通过学习和训练,掌握普通话声母、韵母、声调的发音以及它们的结合规律,掌握普通话的各种音变,这些语音知识可以提高我们辨别和判断语音的能力,可以帮助我们对自己的语音问题进行科学的分析。因此,扎实的理论知识是学好普通话的重要前提。

(二)找准问题

受多种因素的影响,每个人的普通话水平不尽相同,为了提高学习效率,一定要结合普通话的标准语音,对照自查,找到自己的主要问题。有些学生对自己的语音问题非常清楚,而有些学生却浑然不觉,那么就要请求专业教师的指点和帮助。明确了自己的语音问题后,就要针对自己的薄弱环节分析原因,在普通话训练中抓住重点、突破难点、对症下药,这样就能尽快提高普通话水平。

(三)科学练习

要想说好普通话,就要讲究科学的训练方法,比如多听、多练。听是说的前提,不会听就不会说。良好的听力是学好普通话的基础。平时可以多听中央人民广播电台、中央电视台播音员的发音,或者是身边普通话说得好的人的发音,边听边模仿,标准音听得多了,听得准了,再练习说,就能轻松自如地发出正确的读音。说好普通话,还在于多练。只有多练,才能将普通话的标准语音转化为自身的口语能力。练习过程中,训练材料的选择也很关键。结合自身的情况,训练材料可以由易到难,以不断增强学习的信心;训练材料可以多种多样,比如单双音节字词,篇章句段,拗口有趣的绕口令,不同体裁、风格的作品等,以增强练习的兴趣;特别需要注意的是训练材料的选择一定要有针对性,这样可以让自己的学习既快乐又高效。

值得一提的是,说好普通话应以字音准确为前提,除了纠正自己的难点音和不良的发音习惯外,还要注重普通话规范汉字的认读。作为学前教育专业的学生,必须掌握3500个常用汉字的正确读音,碰到不确定或不认识的字一定要勤查字典、反复记忆,绝不能想当然地认读。

练就一口标准流利的普通话,仅靠几堂普通话训练课是远远不够的,应当将课内训练和课外训练相结合,养成以自练为主的学习习惯;还要特别注意加强普通话口语交际的训练,通过综合练习达到普通话语音运用规范准确、自然流畅的效果。

第二节 普通话语音训练

在人们日常的口头语言的交际中,汉语方言与普通话的差异,从构成语言的三要素——语音、语汇、语法诸方面具体分析,语音方面的差别最为突出,词汇次之,表现在语法方面的差异较小。

一、语音的概念及性质

语言是人类最重要的交际工具。语音即语言的声音,是从人的发音器官发出的能表达意义的声音符号。语音是语言的物质外壳,是人的发音器官发出来的能够表达一定意义的声音。

语音具有社会属性、物理属性和生理属性。口腔的活动可以改变口腔共鸣器的形状,所以有人称口腔是声音的加工厂(如图2-1所示)。

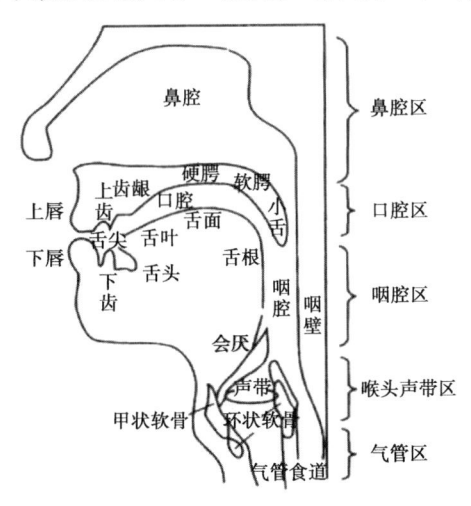

图2-1 发音器官示意图

二、语音的构成和分类

(一)音节

音节是语音的基本结构单位,是听觉上能够自然分辨出来的语音片断,一个汉字记录一个音节,音节和文字基本一致是汉语的特点。如"飘(piao)"是一个音节,而"皮袄(pi'ao)",虽与"飘"的音素完全相同,但发音时中间有短暂间隔,因而是两个音节。普通话除带儿化韵的词如"花儿""球儿"等是两个汉字表示一个音节外,一般是一个汉字一个音节,这也是汉语普通话区别于其他语言的一个显著特点。

现代汉语的基本音节有四百多个,学习和运用普通话必须熟练掌握这些基本音节。按照汉语音韵学的传统分析方法,可以把汉语音节分成声母、韵母和声调三个部分。声母是指音节开头的辅音,韵母是指音节中声母后面的部分,声调是音节的高低升降变化。

(二)音素

音素是构成音节的最小语音单位或最小的语音片段。它是从音色区别的角度划分出来的。一个音节,如果按音色的不同去进一步划分,就会得到一个个最小的各有特色的单位,这就是音素。例如:"妈"(ma)从音色的角度可以划分出"m"和"a"两个不同的音素。"汉"(han)可以划分出"h、a、n"三个因素。

音素分为元音音素和辅音音素两大类。

元音:气流振动声带,在口腔、喉头不受阻碍而形成的音。普通话中有10个元音:a、o、e、ê、i、u、ü、er、i(前)、-i(后)。

辅音:气流在口腔喉头受阻碍而形成的音。普通话中有22个辅音:b、p、m、f、d、t、n、l、g、k、h、j、q、x、zh、ch、sh、r、z、c、s、ng。

三、声母、韵母、声调

声母、韵母、声调是我国传统语音学分析汉语音节的结构单位。

声母:是音节开头的辅音。22个辅音中除"ng"不能当声母外,其余的都可以作声母,也就是说普通话共有21个辅音声母。此外,有的音节开头的音素不是辅音,就是说音节的声母为零。语音学上称为"零声母",这样的音节称为"零声母音节",如"偶(ou)""鸭(ya)"等。

韵母:指音节中声母后面的部分。普通话韵母共有39个。其中单韵母有10个,复韵母有13个,鼻韵母有16个。

声调:是音节中音高起伏升降的变化。普通话有四种基本声调:阴平、阳平、上声、去声。

（一）声母的分类与发音

声母是汉语音节开头的辅音。普通话有21个辅音声母,不同声母的发音是由不同的发音部位和发音方法决定的。

发音部位是指声母发音时气流受到阻碍的位置。发音方法是指发音时阻碍气流和解除阻碍的方式、气流的强弱及声带是否颤动。按发音部位给声母分类可分为七类:双唇音、唇齿音、舌尖前音、舌尖中音、舌尖后音、舌面音、舌根音。按发音方法分类,有以下三种分法:一是按成阻和除阻的方式将声母分为塞音、擦音、塞擦音、鼻音、边音五类;二是按声带是否振动将声母分为清音(不振动)和浊音(振动)两类;三是按气流的强弱将塞音和塞擦音的声母分为送气音(气流强)和不送气音(气流弱)两类(如表2-1所示)。

表2-1 普通话声母发音分类表

发音方法/部位	塞音(清音)		塞擦音(清音)		擦音		鼻音	边音
	不送气	送气	不送气	送气	清音	浊音	浊音	浊音
双唇音	b	p					m	
唇齿音					f			
舌尖前音			z	c	s			
舌尖中音	d	t					n	l
舌尖后音			zh	ch	sh	r		
舌面音			j	q	x			
舌根音	g	k			h		(ng)	

注:表中括号中的ng是普通话中唯一不是声母的辅音

声母的发音:

(1)b:双唇、不送气、清、塞音

发音时上唇、下唇闭紧,形成阻碍,软腭上升,关闭鼻腔通道,声带不振动,气流较弱,一下冲破双唇阻碍,爆发成声。

标兵 背包 辨别 卑鄙 奔波 壁报 宝贝 包办

（2）p：双唇、送气、清、塞音

发音时上唇、下唇闭紧,形成阻碍,软腭上升,关闭鼻腔通道,声带不振动,气流较强,一下冲破双唇阻碍,爆发成声。

琵琶 偏旁 批评 拼盘 澎湃 乒乓 铺平 偏僻

（3）m：双唇、浊、鼻音

发音时上唇、下唇闭紧,软腭下降,关闭口腔通道,打开鼻腔通道,气流振动声带,并从鼻腔冲出成声。

美妙 面貌 埋没 眉目 牧民 麻木 明媚 麦苗

（4）f：唇齿、清、擦音

发音时下唇略内收,靠近上齿,形成一条窄缝,软腭上升,关闭鼻腔通道,声带不振动,气流从唇齿的窄缝中挤出,摩擦成声。

方法 肺腑 丰富 非凡 奋发 芬芳 反复 仿佛

（5）d：舌尖中、不送气、清、塞音

发音时舌尖抵住上齿龈,形成阻碍,软腭上升,关闭鼻腔通道,声带不振动,气流较弱,一下冲破阻碍,爆发成声。

电灯 当代 导弹 大地 单调 道德 等待 奠定

（6）t：舌尖中、送气、清、塞音

发音时舌尖抵住上齿龈,形成阻碍,软腭上升,关闭鼻腔通道,声带不振动,气流较强,一下冲破阻碍,爆发成声。

团体 铁塔 天堂 探讨 淘汰 忐忑 体贴 滩涂

（7）n：舌尖中、浊、鼻音

发音时舌尖抵住上齿龈,软腭下降,关闭口腔通道,打开鼻腔通道,气流振动声带,并从鼻腔冲出成声。

牛奶 南宁 男女 恼怒 农奴 泥泞 能耐 袅娜

（8）l：舌尖中、浊边音

发音时舌尖抵住上齿龈(略后),舌头两侧要有空隙,软腭上升,关闭鼻腔通道,气流振动声带,并经舌头两边从口腔冲出成声。

理论 流利 嘹亮 老练 轮流 连累 拉拢 来历

（9）g：舌根、不送气,清、塞音

发音时舌根抵住软腭,声带不振动,较弱的气流冲破舌根的阻碍,爆发成声。

改革 巩固 灌溉 国歌 骨干 规格 更改 果敢

(10) k：舌根、送气,清、塞音

发音时舌根抵住软腭,声带不振动,较强的气流冲破舌根的阻碍,爆发成声。

宽阔 慷慨 可靠 开垦 坎坷 刻苦 可口 旷课

(11) h：舌根,清、擦音

舌根靠近软腭,留出窄缝,声带不振动,气流从窄缝中挤出,摩擦成声。

合伙 浩瀚 欢呼 航海 辉煌 黄河 浑厚 绘画

(12) j：舌面、不送气,清、塞擦音

发音时舌面前部抵住硬腭前部,声带不振动,较弱的气流冲开阻碍,形成一条窄缝,摩擦成声。

阶级 节俭 间接 焦急 积极 经济 坚决 家具

(13) q：舌面、送气,清、塞擦音

发音时舌面前部抵住硬腭前部,声带不振动,较强的气流冲开阻碍,形成一条窄缝,摩擦成声。

亲切 强权 请求 崎岖 亲戚 确切 牵强 弃权

(14) x：舌面,清、擦音

发音时舌面前部靠近硬腭前部,留出窄缝,声带不振动,气流从窄缝中挤出,摩擦成声。

虚心 形象 学习 相信 详细 行星 新鲜 闲暇

(15) zh：舌尖后、不送气,清、塞擦音

发音时舌尖上翘,抵住硬腭前部,软腭上升,关闭鼻腔通道,声带不振动,气流较弱,首先将阻碍冲开一条窄缝,然后经窄缝摩擦成声。

正直 茁壮 政治 招展 主张 住宅 辗转 庄重

(16) ch：舌尖后、不送气,清、塞擦音

发音时舌尖上翘,抵住硬腭前部,软腭上升,关闭鼻腔通道,声带不振动,气流较强,首先将阻碍冲开一条窄缝,然后经窄缝摩擦成声。

车床 长城 驰骋 出产 出差 充斥 超产 戳穿

(17) sh：舌尖后,清、擦音

发音时舌尖上翘,接近硬腭前部,形成窄缝,软腭上升,关闭鼻腔通道,声带不振动,气流从窄缝中挤出,摩擦成声。

身世 山水 生疏 上升 事实 施舍 舒适 述说

（18）r：舌尖后，浊、擦音

发音时舌尖上翘，接近硬腭前部，形成窄缝，软腭上升，关闭鼻腔通道，声带振动，气流从窄缝中挤出，摩擦成声。

柔软　仍然　忍让　荏苒　容忍　如若　柔韧　扰攘

（19）z：舌尖前、不送气、清、塞擦音

发音时舌尖轻轻抵住上齿背，软腭上升，关闭鼻腔通道，声带不振动，气流较弱，首先冲开一条窄缝，然后再从窄缝中挤出，摩擦成声。

祖宗　总则　藏族　曾祖　造作　罪责　自尊　枣子

（20）c：舌尖前、送气、清、塞擦音

发音时舌尖轻轻抵住上齿背，软腭上升，关闭鼻腔通道，声带不振动，气流较强，首先冲开一条窄缝，然后再从窄缝中挤出，摩擦成声。

层次　苍翠　催促　草丛　粗糙　参差　猜测　措辞

（21）s：舌尖前，清、擦音

发音时舌尖接近上齿背，形成一条窄缝，软腭上升，关闭鼻腔通道，声带不振动，气流从窄缝中挤出，摩擦成声。

色素　琐碎　思索　诉讼　松散　洒扫　速算　瑟缩

（二）韵母的分类与发音

韵母是指一个音节中声母后面的部分。普通话中共有39个韵母。根据不同的标准，普通话韵母可以划分出不同的类型。

按照韵母开头元音的发音口形的不同，可以分成四类，又叫"四呼"：

（1）开口呼：不是i、u、ü或不以i、u、ü开头的韵母。

（2）齐齿呼：是i或以i开头的韵母。

（3）合口呼：是u或以u开头的韵母。

（4）撮口呼：是ü或以ü开头的韵母。

按照韵母的内部结构可以分成三类：

（1）单韵母：由一个元音构成的韵母叫单韵母。普通话共有10个单韵母。

（2）复韵母：由两个或三个元音结合构成的韵母。普通话共有13个复韵母。

（3）鼻韵母：元音后面带上鼻辅音构成的韵母，叫鼻韵母。普通话共有 16 个鼻韵母(如表 2-2 所示)。

表 2-2　普通话韵母表

四呼/韵母	开口呼	齐齿呼	合口呼	撮口呼
单韵母		i	u	ü
	a	ia	ua	
	o		uo	
	e			
	ê	ie		üe
	-i(前)-i(后)			
复韵母	er			
	ai		uai	
	ei		uei	
	ao	iao		
	ou	iou		
鼻韵母	an	ian	uan	üan
	en	in	uen	ün
	ang	iang	uang	
	eng	ing	ueng	
	ong	iong		

1. 单韵母发音

普通话 10 个元音都可单独充当韵母。单韵母的发音特点是发音过程中舌位、唇形和开口度始终不变。舌位的前后、舌面高低和唇形的圆展是单韵母发音的三个要素。根据发音时舌头的位置和状态可以将单韵母分为舌面单韵母、舌尖单韵母和卷舌单韵母三类。

舌面单韵母：是由舌面起主要作用的元音充当韵母，有 a、o、e、ê、i、u、ü 七个。

(1) a：舌面、半低、不圆唇元音

发音时，口腔自然打开，舌位居中央，舌面下降到最低，唇形呈自然状态，声带振动。

打靶　大厦　发达　马达　喇叭　哪怕　刹那　哈达

（2）o：舌面、后、半高、圆唇元音

发音时，口半闭，嘴唇拢圆，舌头后缩，声带振动。

伯伯　婆婆　默默　泼墨　薄膜　馍馍　磨破　脉脉

（3）e：舌面、后、半高，不圆唇元音

发音时，口半闭，嘴唇向两边展开，舌头后缩，声带振动。

隔阂　合格　客车　特色　折射　这个　色泽　可乐

（4）ê：舌面、前、半低、不圆唇元音

发音时，口半开，舌头前伸，嘴角向两边微展，声带振动。在普通话中，ê 不单独与任何辅音声母相拼，只构成复韵母 ie、ue，并在书写时省去上面的附加符号。

别　谢　夜　灭　决　略　确　列

（5）i：舌面、前、高、不圆唇元音

发音时，口微开，扁唇，上下齿相对，舌头前伸，嘴角向两边微展，声带振动。

笔记　激励　基地　记忆　霹雳　习题　体力　奇迹

（6）u：舌面、后高、圆唇元音

发音时，口微开，圆唇，舌头后缩，舌根接近软腭，气流通过窄缝但不发生摩擦，声带振动。

补助　读物　辜负　瀑布　入伍　疏忽　祝福　图书

（7）ü：舌面、前、高、圆唇元音

发音时，口微开，舌头前伸，舌面接近硬腭，嘴唇收拢成一小圆孔，声带振动。

聚居　区域　屈居　须臾　序曲　语序　豫剧　絮语

舌尖单韵母：是由舌尖起主要作用的元音充当单韵母，有 -i（前）、-i（后）两个。

（1）-i（前）：舌尖、前、高、不圆唇元音

发音时，口微开，扁唇，嘴角向两边展开，舌头平伸，舌尖靠近上齿背，声带振动。初学发音时可将 z、c、s 的发音拉长，拉长的部分即是 i（前）的读音。这个韵母只跟 z、c、s 配合，不和其他声母相拼，不能自成音节。拼读时和声母一起发出来。

私自　此次　次子　字词　自私　孜孜　恣肆　赐死

（2）-i（后）：舌尖、后、高、不圆唇元音

发音时，口微开，扁唇，嘴角向两边展开，舌尖上翘，靠近硬腭前部，

声带振动。初学发音时可将 zh、ch、sh 的发音拉长,拉长的部分即是 i (后)的读音。这个韵母只跟 zh、ch、sh、r 配合,不和其他声母相拼,不能自成音节。拼读时和声母一起发出来。

实施 支持 知识 制止 值日 试制 事实 实质

卷舌单韵母:是由卷舌动作的元音充当韵母,只有 er 一个。

er:卷舌、中央、不圆唇元音

er 是在 e 的发音基础上加上卷舌动作而成。即在发 e 的同时带上卷舌动作,嘴唇稍展,舌头居中央,声带振动。er 中的 r 不代表音素,只是表示卷舌的符号,所以还是一个单韵母。er 不能和声母相拼,只能自成音节。此外,er 还常跟在一个音节后面,使这个音节的韵母带上卷舌动作,变成儿化韵。

而 儿 耳 二 尔 饵 贰 洱

树枝儿 墙根儿 帽檐儿 电影儿 小孩儿

2. 复韵母发音

由两个或三个元音结合而成的韵母叫复韵母。复韵母的发音不是前后元音的简单相加,而是由一个元音的舌位向另一个元音滑动的过程。另外,每一个复韵母中总有一个元音发音响亮清晰,发音时间长,称为主要元音。普通话共有 13 个复韵母:ai、ei、ao、ou、ia、ie、ua、uo、uie、iao、iou、uai、uei。根据主要元音所处的位置,复韵母可分为前响复韵母、后响复韵母和中响复韵母。

(1)前响复韵母

前响复韵母共有四个:ai、ei、ao、ou。它们的共同特点是前一个元音清晰响亮,后一个元音轻短模糊,音值不太固定,只表示舌位滑动的方向。

ai 白菜 爱戴 拆开 拍卖 采摘 买卖 灾害 开采
ei 蓓蕾 配备 肥美 飞贼 配备 北美 委培 黑妹
ao 号召 草包 草稿 吵闹 逃跑 唠叨 祷告 报到
ou 欧洲 口头 丑陋 猴头 筹谋 守候 抖擞 收购

(2)后响复韵母

后响复韵母共有五个:ia、ie、ua、uo、ue。它们的共同特点是前面的元音发得轻短,只表示舌位从那里开始移动,后面的元音发得清晰响亮。

ia 恰恰 假牙 加价 压价 下压 掐架 加压 下家
ie 乜斜 铁鞋 贴切 结业 趔趄 节烈 歇业 谢谢
ua 耍滑 挂画 花袜 娃娃 挂花 花褂
uo 蹉跎 过错 骆驼 没落 罗锅 阔绰 硕果 活捉
üe 雪月 约略 雀跃 决绝 绝学 暴虐 公爵 大约

后响复韵母在自成音节时,韵头 i、u、ü 改写成 y、w、yu。

（3）中响复韵母

中响复韵母共有四个：iao、iou、uai、uei。它们共同的发音特点是前一个元音轻短,后面的元音含混,音值不太固定,只表示舌位滑动的方向,中间的元音清晰响亮。

iao 巧妙 妙药 教条 吊桥 逍遥 小鸟 叫嚣 渺小
iou 悠久 绣球 久留 求救 优秀 秋游 牛油 邮友
uei 灰堆 鬼祟 摧毁 归队 回味 荟萃 魁伟 坠毁
uai 外快 摔坏 怀揣 乖乖 外踝 统帅 愉快 快拍

中响复韵母在自成音节时,韵头 i、u 改写成 y、w。复韵母 iou、uei 前面加声母的时候,要省写成 iu、ui,例如 liu（留）、gui（归）等；不跟声母相拼时,不能省写,用 y、w 开头,如 you（油）、wei（威）等。

3. 鼻韵母发音

由一个或两个元音后面带上鼻辅音构成的韵母叫鼻韵母。普通话里有前鼻音 n 和后鼻音 ng 两个鼻辅音。

鼻韵母共有 16 个,包括 an、ian、uan、üan、en、in、uen、ün 8 个前鼻韵母和 ang、iang、uang、eng、ing、ueng、ong、iong 8 个后鼻韵母。发鼻韵母,关键是要区别好前后鼻韵尾。

（1）前鼻韵母

an 安然 灿烂 橄榄 肝胆 谈判 汗衫 坦然 感叹
en 根本 深沉 振奋 认真 门诊 审慎 人参 沉闷
in 拼音 亲近 辛勤 民心 贫民 尽心 近邻 金银
un 均匀 军训 纭纭 逡巡 白云 人群 通讯 教训
ian 简练 眼帘 惦念 鲜艳 显眼 变迁 牵连 偏见
uan 贯穿 转换 婉转 传唤 转弯 专断 宦官 酸软
üan 源泉 全权 圆圈 渊源 轩辕 涓涓 冤怨 拳拳
uen 昆仑 滚轮 春笋 温顺 困顿 馄饨 温存 混沌

(2)后鼻韵母

ang 苍茫 当场 长廊 厂房 盲肠 螳螂 党章 商场
eng 丰盛 横生 更正 风筝 整风 登程 奉承 升腾
ong 葱茏 从容 轰动 工农 空洞 总统 隆重 共同
ing 宁静 明星 评定 英明 姓名 蜻蜓 倾听 零星
iang 响亮 想象 两样 湘江 亮相 洋姜 向阳 强将
iong 汹涌 炯炯 熊熊 穷凶 汹汹 窘态 穷苦 雄壮
uang 状况 装潢 狂妄 矿床 双簧 网状 窗框 惶惶
ueng 渔翁 蓊郁 蕹菜 水瓮 老翁 嗡嗡

uen 跟声母相拼时,省写作 un。例如 lun(伦)、chun(春)。uen 自成音节时,按照拼写规则,u 写成 w,如 wen(温)。

(三)声调

声调是音节高低升降的变化形式,它主要是由音高决定的。在汉语里,一般一个音节表示一个汉字(儿化除外),所以,声调也叫字调。声调是汉语音节结构中不可缺少的组成部分,它具有区别词义的作用。例如 ticai(题材)和 ticai(体裁),有声调,是汉语的一个特点。外国人学汉语最大的难点就是声调,汉语方言同普通话最大的区别也是声调。

1. 声调的调值

调值是指声调的实际读音,也就是音节的高低、升降、曲直、长短的实际变化形式。普通话有四种调值,其声调变化形式通常用"五度标记法"来表示。根据图 2-2 所示,普通话有 55、35、214 和 51 四种调值。

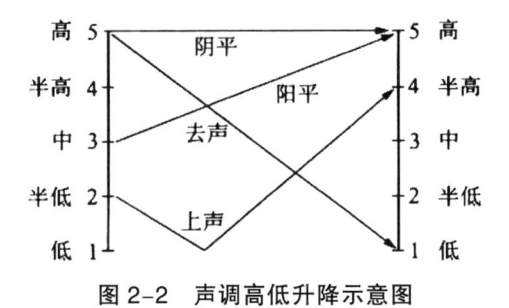

图 2-2 声调高低升降示意图

2. 声调的调类

调类就是声调的分类,是根据声调的调值归纳出来的类别。普通话有四种调值,也就分为四个调类,即阴平(55)、阳平(35)、上声(214)和去声(51),也可称为第一声、第二声、第三声和第四声,简称"四声"。

3.声调的调号

调号就是声调的标记符号,普通话音节的四种调值通常用"阴平(ˉ)、阳平(ˊ)、上声(ˇ)、去声(ˋ)"四种符号来标记。《汉语拼音方案》规定,调号标在主要元音上。

把声调的调值、调类和调号结合起来分析,可以制成普通话声调表(如表2-3所示)。

表2-3 普通话声调表

调类	调开	调值	调号	调值描写	例字
阴平	高平	55	ˉ	起音高高一路平	春天
阳平	中平	35	ˊ	由中到高往上升	来临
上声	降升	214	ˇ	先降后升曲折起	展览
去声	高降	51	ˋ	高起猛降到底层	胜利

4.声调的发音

声调的发音是声带松紧调节的结果,但在这一过程中须配合气息的控制和调节。

(1)阴平

阴平是高平调,起止音高都是5度,声带闭合同气息控制、音高一样,都要保持始终如一,不能松懈与下降,尤其在起音后,气息力度较大,音高略高,发音即将结束音高稍降,气息放松,想象发出的声音(气息)就像一根粗细长短适中并通畅横放着的管子。

例如:

单音节:家 花 熏 拍 乖 推 粥 喝
　　　　签 巴 剖 歪 闷 征 鑫 操

双音节:沙滩 家乡 期间 弯曲 婚姻 光辉
　　　　芬芳 贪污 呼吸 新疆 青松 几乎

四音节:春天花开 江山多娇 卑躬屈膝 息息相关
　　　　温馨之家 攀登高峰 开发公司 珍惜光阴

(2)阳平

阳平是高升调,发音时声音由中音3度不断上升到最高音5度,声带闭合由松到紧,气息控制由弱变强,声音走向是直线上升不拐弯儿,想象发出的声音(气息)就像一根粗细适中并通畅直挺斜立向上的管子。

例如:

单音节:哲 弘 渠 盐 拔 痕 材 玄
　　　　迪 繁 仇 民 丛 棱 牛 随

双音节:昂扬 惩罚 人民 杂文 颓唐 然而
　　　　原型 从来 识别 结合 折服 抉择

四音节:豪情昂扬 回国华侨 人民银行 儿童文学
　　　　民族团结 严格执行 和平繁荣 急于求成

(3)上声

上声是降升调,发音时声音由半低音2度下降至低音1度,并在此稍作停留,然后上升到4度,声带闭合由微紧到松弛,稍作舒展再到紧,想象发出的声音(气息)就像一个"U"型管子,在"1"值处弯度较大。

例如:

单音节:水 给 允 免 准 省 海 曲
　　　　养 走 镁 椭 酒 冷 此 赏

双音节:美好 委婉 保管 场所 领导 彼此
　　　　奶粉 影响 打扰 理想 海岛 保守

四音节:永远有理 彼此理解 稳妥处理 请你走好
　　　　游泳指导 想往远景 永久友好 产品展览

(4)去声

去声为全降调,发音时声音由5度降到最低1度,想象发出的声音(气息)就像一根粗细适中的并通畅直挺斜立向下的管子。

例如:

单音节:寺 畜 蒜 舅 麦 汇 兑 侩
　　　　笨 配 趁 郑 探 腻 觑 醉

双音节:目录 热力 浪漫 怄气 就义 确定
　　　　最后 面貌 部件 下月 去向 告诉

四音节:胜利闭幕 酷爱运动 自暴自弃 浴血奋战
　　　　对症下药 创造世界 见利忘义 上蹿下跳

第三节　普通话水平测试训练

一、普通话水平测试概述

普通话水平测试（PSC：Putonghua Shuiping Ceshi）是对应试人运用普通话的规范程度的口语考试。国家规定幼儿教师必须持《普通话水平测试等级证书》才能上岗。普通话是教师口语的基础，是对幼儿教师的基本要求。

普通话水平测试是国家级的测试，是以《中华人民共和国国家通用语言文字法》为法律依据，对特定岗位人员掌握和运用国家通用语言的水平的标准化考试，是对特定岗位人员实行持普通话等级证书上岗制度的依据，是我国为加快普通话普及提高而设置的一种语言测试。测试由国家和地方政府语言文字主管单位负责，由其所属的各级普通话水平测试机构具体实施，具有科学性、严肃性和权威性。

普通话是教师的职业语言。普通话是否符合标准直接影响师范生的教师资格和从教能力。因此，幼儿师范生必须刻苦练习，达到相应水平。

二、普通话水平测试的试卷构成

（一）普通话水平测试内容

根据《普通话水平测试大纲》规定：普通话水平测试的内容包括普通话语音、词汇和语法。普通话水平测试的试卷内容包括5个部分，满分为100分。

（1）读单音节字词（100个音节，共10分）。
目的：考查应试人声母、韵母、声调的发音。
（2）读多音节词语（100个音节，共20分）。
目的：除考查应试人声母、韵母和声调的发音外，还要考查上声变调、"一"和"不"变调、儿化韵和轻声的读音规范[1]。

---

[1] 陈建超，任媛媛．普通话水平测试实用教程[M]．苏州：苏州大学出版社，2016．

（3）判断测试（25个题目，共10分）。

（4）朗读短文（1篇，共30分）。

目的：考查应试人用普通话朗读书面材料的水平，重点考查语音、语流音变（上声变调、"一"和"不"变调等）、语气语调等项目。

（5）命题说话（1个话题，共30分）。

目的：考查应试人在没有文字凭借的情况下，说普通话的能力和所能达到的规范程度。应试人根据抽签确定的话题，说3分钟的话。以单向说话为主。

（二）普通话水平测试考试方法

为突出普通话口语运用能力测试的特点，测试采用口试方式，应试人在运用普通话进行口语表达过程中所表现的语音、词汇、语法规范程度，是评定其所达到的水平等级的重要依据。测试方式分为计算机智能测评和测试员人工测评。

计算机智能测评：进入考场后，首先抽出测试卷，熟悉内容，应试人有10分钟的备测时间。应试者在测试室面对计算机操作并按顺序答题。目前，计算机智能测评的试卷试题题型如"样卷二"，共四项题。前三项由计算机自动评分，第四项测试由普通话测试员进行互联网网上评分。

参加测试的应试者在规定测试时间之前30分钟到候测室报到，考生交验准考证、身份证和考试证，考务人员通知考生准备测试，应试人员入座准备，每个座位号前有一份测试试卷，备测时间为10分钟。考生进入测试室后，戴上耳麦即可按照考试机页面提示开始测试，测试时间约15分钟，测试结束后摘下耳麦，轻声离开测试室。

测试员在测试现场边听边为应试者评分，测试全程录音，测试完成后方可离开测试现场，按当地普通话测试机构（或学校）通知的时间进行成绩查询，并领取相应的普通话等级证书。

目前，全国大部分省市采用计算机智能测评，部分省市计算机智能测评和测试员人工测评并存。

（三）普通话水平测试考试等级

普通话是现代汉语的标准语。由国家语言文字工作委员会和国家教育委员会、原广播电影电视部颁布的《普通话水平测试等级标准（试行）》（国语 [1997]64 号）把普通话水平分为三个级别（一级可称为标准的普通话，二级可称为比较标准的普通话，三级可称为一般水平的普通话），每个级别内划分甲乙两个等次。三级六等是普通话水平测试中评定应试人普通话水平等级的依据①。

《普通话水平测试管理规定》明确规定以下七类人员应接受普通话水平测试：1. 教师和申请教师资格的人员；2. 广播电台、电视台的播音员、节目主持人；3. 影视话剧演员；4. 国家机关工作人员；5. 师范类、播音与主持艺术专业、影视话剧表演专业以及其他与口语表达密切相关专业的学生；6. 行业主管部门规定的其他应该接受测试的人员；7. 自愿申请接受测试的社会其他人员。

普通话水平测试等级证书是证明应试人普通话水平的有效凭证，证书由国家语言文字工作委员会统一印制。普通话一级乙等及以下成绩的证书由省（直辖市）级语言文字工作委员会加盖印章后颁发，普通话一级甲等的证书须经国家普通话水平测试中心审核并加盖国家普通话水平测试中心印章后方为有效。有效的普通话水平测试等级证书全国通用。

三、关于普通话水平测试

（一）普通话水平测试是国家级考试

鉴于现代汉语内部分歧大，影响交际效果的情况，我国政府始终重视语言文字的规范化工作，几十年来，普通话的推广工作在不同历史时期和不同社会群体中经历了提倡——推广——普及——提高几个阶段。2000 年 10 月 31 日，《中华人民共和国国家通用语言文字法》颁布实施，依法提出了包括幼儿教师在内的有关行业从业人员必须使用普通话的要求和相应的等级标准。根据相关规定，幼儿园教师和师范类学前教育专业的学生，合格的普通话水平测试成绩不能低于 80 分，即二级乙等。否则应视为不合格教师或影响办理教师资格证书。总之，普通话水平测试作为一种语言测试，成为国家立法执法内容，足以表明国家对语言规范化的重视，作为未来的人民教师，必须自觉地学习和使用普通话。

---

① 陈建超，任媛媛. 普通话水平测试实用教程[M]. 苏州：苏州大学出版社，2016.

（二）普通话水平测试是对应试人普通话应用程度的综合评定

普通话水平测试是语言界学者在借鉴有关对外汉语教学及汉语水平测试方面的研究成果的基础上创立的，它不是语言知识测试，不是表达技巧测试，也不是写作水平的测试，但又与语言知识、语言技巧和写作能力有关系，所要测试的是应试人在从方言向标准语转换的过程中，掌握和运用普通话所达到的规范程度，并通过三级六等的方式予以定量定性评价。

（三）普通话水平测试是提高教师口语水平的有效途径

首先，测试的内容与形式科学合理。单、双音节、短文朗读和命题说话的内容，以及现场抽签面试的形式，使被测人在考前的学习训练等"应试"教育过程中，普通话水平迅速提高，为达标做好充分的准备；同时，普通话水平测试全部以口试的方式进行，接受测试的过程，既是对自己母语水平的展示检验过程，又是对其普通话进行强化提高的过程。有的应试者对测试内容，尤其是测试过程中出现的失误印象深刻，甚至终生难忘，所以对语言规范化的各项要求更加具体明确；之后通过成绩反馈对自身的普通话水平有了清醒的认识，找到差距，明确了日后继续努力的方向，将测试作为达标或提高等级的新的起点。测试实践中很多普通话成绩达到一级水平的人，就是通过一次次的测试逐步提高的。

（四）普通话水平测试能提高中文信息处理能力

生活在现代社会，中文信息处理与人们的工作、生活密不可分，师范院校的师生离不开电脑打字、课件制作、发手机短信、QQ聊天、视频微博等，而汉语拼音是这些媒介的汉字录入方式之一，但使用拼音输入法必须做到熟练地掌握汉语拼音和准确地使用普通话，否则，分不清平舌音和卷舌音声母、前鼻韵母和后鼻韵母，再先进的设备也无法使用。

四、普通话水平测试分项指导

（一）单音节字词测试试卷简介

1. 试卷构成

（1）试卷共100个音节，不含轻声、儿化音节。

（2）100个音节中,每个声母出现次数一般不少于3次,每个韵母出现次数一般不少于2次,4个声调出现次数大致均衡。

（3）音节的排列要避免同一测试要素连续出现。

2. 测试目的

测查应试者掌握声母、韵母、声调的发音标准程度。

3. 评分标准

（1）共10分,限时3.5分钟。超时1分钟以内,扣0.5分；超时1分钟以上(含1分钟),扣1分。

（2）语音错误,每个音节扣0.1分。

①声母、韵母读错或字词漏读；声母的平舌音和翘舌音、舌尖音和舌面音混淆；韵母圆唇与否、前鼻音韵母和后鼻音韵母混淆。如"秋"读成"揪","芬"读成"风"。

②调值读错。如"踩"读成"猜","而"读成"耳"。

（3）语音缺陷,每个音节扣0.05分。

①声、韵、调发音不规范不到位。声母的发音部位不准确,如舌尖前音的发音位置靠后接近舌尖后音；韵母发音的舌位高低前后有偏差,圆唇韵母归音不到位,儿化韵母有卷舌色彩但生硬或舌位明显有误差；无鼻音的音节明显带有鼻化色彩。

②调值音高明显不够,或调值过短而不到位。如把阴平的55读成44、上声的214读成211或212等。

4. 读单音节字词的要求

（1）试卷要求从左到右横向朗读,不漏字,不跳行。

（2）遇到不认识的字可以任读一音。

（3）多音字可任读其中一个音调,轻声除外。如"重"可以读成zhòng,也可以读成chóng；"卜"只能读bǔ,不能读bo。

（4）所有字音都念本音原调,不读音变,如"一"读作yī,"不"读作bù；每个音节可以回读一次,以第二次读音为准。

（5）声母：掌握好发音部位和发音方法。

（6）韵母：掌握好单韵母的发音位置、舌位的高低前后、唇形的圆展；复韵母的发音要浑然一体,读好韵腹的发音。

（7）声调：声调要特别注意调型。阴平——起音高高一路平,一点弯曲都不行;阳平——由中到高往上挑,上升幅度不要小;上声——先降后扬送到家,不要半路就停下;去声——从高降到最低层,调值51要记清。

5.应试出现问题的原因及纠正建议

错音是指把甲字认读成乙字。

(1)生字:受文化水平的限制,不认识该字。要提高文化素养,养成勤查汉语字典的学习习惯。

(2)方音的影响:方音长期的发音方法和发音位置形成发音习惯,在短期内难以纠正。如舌尖音和舌面音、前鼻音韵母和后鼻音韵母的混淆,把"金鱼"读成"鲸鱼";圆唇与不圆唇等的发音,如"腿"读成 těi。需要长期有针对性的练习。

(3)心理因素:心理紧张,很常见的字词不认识;受形近字或前字的影响,如"授"后面的"揪"直接读成"秋","拨"和"拨"混淆。

缺陷音是指读音不规范,声母、韵母的发音位置或发音方法不正确,声调调值读不到位。

(1)声母中的舌面音 j、q、x 的发音部位明显靠前,近似于舌尖音 z、c、s;翘舌音 zh、ch、sh、r 发音部位明显靠前或靠后;平舌音 z、c、s 发音部位明显靠前或读成齿间音。针对以上情况要分清发音部位,多多练习。

(2)韵母中的合口呼 u、uo 的零声母读成唇齿浊擦音;前鼻音韵母或后鼻音韵母的归音位置偏前或偏后。发音归音要准确。

(3)声调:阴平达不到55的高平位,读成44甚至33;阳平读成34;上声读成212或211的调值。可以跟读录音或音像辅导教程练习。

(4)读单音节词语语速过快,导致声调不到位、韵母没有动程。语速要适当。

(二)多音节词语测试试卷简介

1.试卷构成

(1)音节共100个,含双音节和多音节词语。一般由45个双音节词语、2个三音节词语和1个四音节词语构成。

(2)声母、韵母、声调出现的次数与读单音节字词的要求相同。

(3)上声与上声相连的词语不少于3个,上声与非上声相连的词语不少于4个,轻声不少于3个,儿化不少于4个(应为不同的儿化韵母)。

(4)词语的排列要避免同一测试要素连续出现。

2. 测试目的

测查应试人声母、韵母、声调和变调、轻声、儿化读音的标准程度。

3. 评分标准

(1)共20分,限时2.5分钟。超时1分钟以内,扣0.5分;超时1分钟以上(含1分钟),扣1分。

(2)语音错误,每个音节扣0.2分。

①词语中任何一个声母、韵母错读或字词漏读;声母、韵母发音混淆。如"池塘"读成 cítáng。

②调值错读。如"照片"读成 zhàopiān。

③"一""不"和上声应该变调而没有变调。

④儿化词语没有读出儿化韵,必读轻声没有读成轻声调值。

语音缺陷,每个音节扣0.1分。

①声母、韵母发音不规范不到位。

②末尾词语的调值处理不到位,如非轻声词语的收音过短或轻声词语的收音过长。

③词语内部音节与音节明显断开,一字一顿。

④词语的轻重音格式处理不当。

4. 读多音节词语的要求

(1)试卷要求从左到右横向朗读,不漏字,不跳行。

(2)遇到不认识的字可以任读一音。

(3)多音词语可任读其中一个音调,如"琢磨"可以读成 zhuómó,也可以读成 zuómo。

(4)词语的轻重音格式:普通话的轻重音格式大多数最后一个音节为重音。双音节词语的读音多为"中、重"格式,三音节词语读音多为"中、次轻、重"格式,四音节词语读音多为"中、次轻、中、重"格式。

(5)轻声的读法:要读得既轻又短。"轻"是轻声音节的音强较轻,"短"是轻声音节的音长较短。

(6)儿化韵的读法:er 要和前一个韵母结合起来构成卷舌韵母,两个音节合成一个音节。

（7）变调：注意上声的变调和"一""不"的变调。

（8）多音词语的读法：音随义转，按义定音。如"塞"，在瓶塞、边塞、堵塞三个词语中的读音分别是 sāi、sài、sè；两读音节可以任读一音，如"算盘"可以读成 suàn pɑn，也可以读成 suàn pán。

5. 应试易出现的问题及纠正建议

（1）轻声判断不准：轻声音和非轻声音混淆。建议熟读《普通话必读轻声词语表》。

（2）儿化读音不标准：卷舌韵母 er 卷舌生硬不到位或不能与前一个韵母融合成一个音节。建议熟读《普通话水平测试用必读轻声词语》，练习卷舌的发音。

（3）轻重音格式处理不恰当：最后一个音节读不到位，导致读音接近轻声。要注意收尾的音节调值送到位。

（4）多音词语的误读：如"提防"读成 tífáng。注意多音词语的按义定音的规则。

（5）统读音：按照普通话统读的要求，不再使用异读音。

（三）朗读短文简介

1. 测试目的

测查应试人使用普通话朗读书面作品的水平。在测查声母、韵母、声调读音标准程度的同时，重点测查连读音变、停连、语调以及流畅程度。

2. 评分标准

（1）共 30 分，限时 4 分钟。每错 1 个音节扣 0.1 分；漏读或增读 1 个音节扣 0.1 分。

（2）声母或韵母的系统性语音缺陷，视程度扣 0.5 分或 1 分。

（3）语调偏误，视程度扣 0.5 分、1 分、2 分。

（4）停连不当，视程度扣 0.5 分、1 分、2 分。

（5）朗读不流畅（包括回读），视程度扣 0.5 分、1 分、2 分。

（6）限时 4 分钟，超时扣 1 分。

3. 朗读短文要求

（1）短文从《普通话水平测试用朗读作品》中选取，一组 2 篇中任选 1 篇。

（2）评分以朗读作品的前 400 个音节（不含标点符号和括注的音节）为限。

（3）要求吐字规范清晰，轻声、儿化、变调正确，轻重音处理得当，读音自然、流畅；语速适中，节奏、停连把握得当；语句连贯，情感自然。

（4）应该做到"六不"：不读错字，不添字，不减字，不换字，不重复，不颠倒。

4. 应试中易出现的问题及纠正

（1）作品内容不熟悉，多音字、生僻字、变调等读错音。应该首先扫清字词障碍，然后多加练习。

（2）语句朗读不流畅，语速时快时慢，语调处理失当，长句停顿出现失误。通过多朗读，即可轻松驾驭。

（3）要分清文体，掌握文体特点，记叙文的叙述语、角色语，说明文的说明顺序、层次安排，议论文的逻辑推理、结论等都要在语气中有所体现。

（4）普通话水平较差的同学，初期学习朗读文章，可以跟读录音或网站的普通话音视频教学课程，扫清语音障碍后，多加练习，达到流畅自如。

（四）命题说话测试简介

1. 测试目的

测查应试人在无文字凭借的情况下说普通话的水平，包括测查语音的标准程度、词汇语法的规范程度和表达过程中的自然流畅程度。

2. 评分标准

（1）语音标准程度，共 20 分。分为以下六档。

一档：语音标准，或极少有失误。扣 0 分、1 分、2 分。

二档：语音错误在 10 次以下，有方音但不明显。扣 3 分、4 分。

三档：语音错误在 10 次以下，但方音比较明显；或语音错误在 10～15 次，有方音但不明显。扣 5 分、6 分。

四档：语音错误在 10～15 次，方音比较明显。扣 7 分、8 分。

五档：语音错误超过 15 次，方音明显。扣 9 分、10 分、11 分。

六档:语音错误多,方音重。扣12分、13分、14分。

(2)词汇语法规范程度,共10分。分为以下三档。

一档:词汇、语法规范。扣0分。

二档:词汇、语法偶有不规范的情况。扣1分、2分。

三档:词汇、语法屡有不规范的情况。扣3分、4分。

(3)自然流畅程度,共5分。分为以下三档。

一档:语言自然流畅。扣0分。

二档:语言基本流畅,口语化较差,有背稿子的表现。扣0.5分、1分。

三档:语言不连贯,语调生硬。扣2分、3分。

(4)说话不足3分钟,酌情扣分:缺时1分钟以内(含1分钟),扣1分、2分、3分;缺时1分钟以上,扣4分、5分、6分;说话不满30秒(含30秒),本测试项成绩计为0分。

3.测试要求

(1)说话话题从《普通话水平测试用话题》中选取,由应试人从给定的两个话题中选定1个话题,连续说一段话,说话的形式为单向说话。

(2)命题说话,限时3分钟,共40分。

(3)说话要求语音规范,注意变调、轻声、儿化和语气词"啊"的变读,使用符合现代汉语规范的词汇和语法,避免使用方言词语和语法,说话内容围绕中心,准备足够时间的材料。

4.应试易出现的问题及纠正建议

(1)说话时间不足。在测试过程中,应试者的语速一般容易偏快,不到三分钟的时间就用完了说话材料。要准备足够说话三分钟或三分钟以上的材料。

(2)有背诵的痕迹。对说话材料要熟悉但不要背诵,要自然流畅,用口语化的语言说话,减少书面用语。

(3)说话容易暴露词语和语法的问题,词语、语法要规范。避免方言词语,少用口头禅,不使用网络语言。如"花生"不要用"长寿果""长果"等词语,"不知道"不要采用"知不道"的句式。

5.说话题目应试建议

(1)文体归类

说话的题目较多,为了便于准备,我们可以根据题目的述说方式和内容进行归类,可以使同一文体的题目用相似的思路来行文。

叙述类文体中侧重记人的,可以从不同的侧面和角度的事件来写人,展现人物的性格和特点;侧重叙事类的,可以着重从事件的发生发展过程来写。

议论类的文体,先提出论点,再用论据进行论证,使论点的提出建立在论据的基础上,而论据围绕着论点展开,为论点服务。

说明类的文体,先概括说明对象的特点,按照一定的顺序(时间顺序、空间顺序或逻辑顺序)展开说明,使文章脉络清晰,层次分明。

(2)素材共用

列出说话的提纲,相近内容的素材共享。如《我的假日生活》和《难忘的旅行》,《童年的记忆》和《我的成长之路》,《谈谈科技发展与社会生活》和《谈谈对环境保护的认识》等篇目可以有共用的内容。

(3)扬长避短

选择熟悉的说话内容,特别是自己的亲身经历或见闻,内容烂熟于心,说话就可以轻松自然,不会出现死记硬背和卡壳的情况。

(4)查漏补缺

对容易出现语音问题的地方要心中有数,找准薄弱环节,有针对性地训练,一定会成竹在胸。

(5)巧用表达方式

表达方式要多用叙述,少用描写和议论。前者更适合口语表达,后者容易失误。

第四节 汉语发音原理和技巧

任何一种乐器都是由动力、振动体及共鸣器组成的,人类发音系统也不例外。人们运用呼出的气息为动力,使喉部的声带振动发音,经过由喉部至口唇的声道共鸣而美化、扩大。然而,人与人之间的音色却迥然不同,有的生涩干哑,有的婉转圆润、洪亮饱满,区别在于是否掌握了正确用气息发声的技巧。作为幼儿教师,经常运用口语进行教育教学工作,更应掌握科学的用气发声的方法。

对教师而言,口头语言表达能力是最基本最重要的职业技能,任何

第二章 幼儿教师口语基础训练研究

语境中的说话过程都是将个人的学识、修养、文化、思想等诸多隐性素质通过发音器官的生产加工而外化为语音形式的过程。其间,语音的载体——发音器官的充分利用和有效发挥很重要,正所谓"工欲善其事,必先利其器"。在实践中我们看到,任何"口若悬河,舌似利刃"的"器"都不是与生俱来的,而是在科学方法的指导下经过长期的训练逐渐形成的。训练的内容主要有以下三方面。

一、呼吸发声

"气乃音之帅","气动则声发"。呼吸是发声的动力,只有气息充足声音才能洪亮、持久。尤其是在朗读、演讲等需要提高音量时,气息就显得更为重要。气息控制与声音的色彩变化有着密切的关系。自如地控制吸气、呼气的流量与速度,有助于发声的力量控制,减少声带压力,使吐字饱满有力,还可以弥补先天声音的不足。

(一)常见的呼吸方式

常见的呼吸方式主要有三种,分别是成人常用的胸式呼吸、依靠降低横膈膜来吸气的腹式呼吸、依靠胸部两肋和横膈膜共同运动来实现的胸腹式联合呼吸。因此,有效地控制呼吸是口语训练的重要一环。

肺是呼吸的活动风箱,气流是发音的原动力。进行呼吸训练时要注意保持正确的姿势,收紧小腹,口鼻进气,两肋张开。可以采用站姿,也可以采用坐姿。坐姿要求坐直,坐在凳子的前1/3或1/2处,这样呼吸才能够深入、持久。

有的人以为生活中每个人都在呼吸,都会呼吸,因此根本无须练习。实则不然,生活中气吸得浅,到胸部就可以了。在以教师语言信息单项输出为主的课堂教学以及朗读演讲中,往往要气沉丹田,做到呼吸深沉、通畅、饱满、自如。使呼吸达到这一要求应做到以下三个方面。

1. 要有正确的呼吸姿态

这里呼吸姿态包括姿势与神态两个方面,正确的呼吸姿态就是使形体与精神都处在对呼吸有利的最佳状态。

2. 要有正确的吸气方式

气息不能太满,满则僵,无法控制。若两肋不张而又有意向里吸气,这就会发出较响的吸气声,夹杂在言语活动中,影响语言的效果。

3. 要有正确的呼气方式

要控制好两肋,不要一呼气两肋就复原,否则气息一用就没了;也不要两肋始终不动,使气息僵死在里面。

(二)发声

发声是有声语言训练的又一项基本功,说话人必须学会驾驭自己的声音,要做到这一点,首先要了解发声器官的生理机制,掌握正确的发音方法及相关理论。并且坚持不懈地练习。

1. 发声的精神状态

人的精神状态对发声有直接的影响,只有在"最佳"状态下才能产生"最佳效果"。正确的发声精神状态应该是积极、松弛和集中的。

积极,指精神状态是振奋的、积极的,神经的传导作用敏锐而迅速,在此种状态下,声音就会像一股暖流从胸中溢出。如果以消极、被动、应付式的精神状态发声,神经的传导作用迟缓而呆滞,声音也会是疲沓的、冷漠的。在学习过程中,状态积极的含义还包括学习态度要积极、有目标、有信心、有步骤。

松弛,指从精神到全身肌肉都是放松的,反应灵活,思维敏捷,毫无紧张感和僵硬感。精神状态和全身肌肉状态是互为影响的。精神的紧张会导致肌肉的僵硬,如朗读中常见的气促、喉紧,"声音不听使唤"等,都是精神过于紧张所致,只有在松弛的状态下才能自如地控制声音。

集中,指精神要集中。朗读或讲述时,精神要集中到所讲的内容上,防止混入其他杂念。在进行发声练习时,精神应集中于要解决的问题上。这样自我反馈灵敏、调整及时,可以收到较好的练习效果。最忌讳散漫无目标的练声,因为它不仅影响练习效果,有时甚至会巩固错误的方法,收到相反的效果。

2. 发声的形体状态

发声的形体状态指的是讲话或发声练习时的姿势。姿势正确与否直接影响发声质量,应该从学习阶段就养成良好的习惯,避免挤压出缺少共鸣、毫不悦耳的缺陷音来。后声腔适当打开,对充分运用胸腔、咽腔共鸣也有好处。如果长期用不正确的姿势发声,不仅影响发声能力,甚至会造成更严重的后果。比如,经常侧头发声会使左右两声带不均衡;弓腰驼背发声则不利于呼吸,有害健康。

(三)三种呼吸方式的区别

呼吸方式大致有三种:胸式呼吸、腹式呼吸、胸腹联合式呼吸。胸式呼吸是人们站姿、坐姿自主呼吸时的呼吸方式,这种呼吸方式进气量小,持久力差,难以控制。腹式呼吸是人们卧姿自主呼吸时的呼吸方式。这种呼吸方式进气量较大,但缺乏胸肌的参与,形成的声音闷、暗,难以调节。这两种呼吸都属于自然呼吸法,不能满足教师口语表达的需要。

教师在口语表达中,应采用胸腹联合式呼吸法。这种呼吸的优势在于:吸气时,借助胸腔肌肉群的力量使肋骨扩展,横膈肌下降,增大了胸腔的容气量;建立了胸、膈、腹之间的关系,呼出的气流强而有力,使气息更加稳健,便于控制。

胸腹联合式呼吸训练方法:采用站姿或坐姿,上身保持正直,头放正,肩放松。站姿时,双脚可呈丁字步站立,也可立正姿势站立,脚宽不要超过肩宽;坐姿时,要坐在凳子的前半部分,双脚平放地面。

呼吸要领:小腹向内微收,胸、腰部同时向外扩展,感觉腰带渐紧,腰部有气环撑开的感觉。用鼻吸气,吸气时不要耸肩,控制气息一两秒钟后,用口将气缓缓呼出。可用"闻花香"来体会吸气的感觉:想象面前有一盆鲜花,花香扑面而来,深吸一口气,感觉两肋张开、气息下沉、腹肌收缩、腰部涨满,气吸进八成满,控制一两秒后,缓缓呼出。也可用"抬重物"来体会:找一张较重的大桌子,吸气后将其抬起,吸气的瞬间两肋张开、气息下沉、腹肌收缩、腰部涨满。呼气时,要保持吸气时的状态,胸、腹部在控制下将肺部储气慢慢放出。呼气要用嘴而不用鼻,练习呼气时,呼出的气息要细、匀、稳,呼气时间要逐渐延长。可进行"吹灰尘"练习:假设面前桌子上布满灰尘,均匀而缓慢地呼出气息,以吹掉桌子上的灰尘。

运用胸腹联合式呼吸应注意的问题:在胸腹联合式呼吸的实际运用中,吸气与呼气的配合有四种方式:慢吸慢呼、慢吸快呼、快吸快呼、快吸慢呼。进行胸腹联合式呼吸训练要循序渐进:初学时,为了掌握正确的呼吸状态,可先进行慢吸慢呼、慢吸快呼训练;初步掌握胸腹联合式呼吸方法之后,可进行快吸快呼、快吸慢呼的训练。在实际口语表达中,运用最普遍的是快吸慢呼。训练时气息吐字要配合好,气息通畅不紧,吐字清晰利落,情感贯穿其中。

二、吐字归音

吐字归音原是传统戏曲、相声、单弦、大鼓词等说唱艺术中的专业术语,现也广泛运用于口语表达艺术中,指发音时吐字咬字清晰,字尾归音到位。吐字归音训练可以帮助我们克服发音中的方言色彩、吃字现象,做到字正腔圆,提高语言的纯正度和艺术性。通过归音技巧的训练,就可以得以纠正,把音发得准确到位。

(一)吐字归音的总体要求

根据汉语的音节特点,一个字的发音过程按照"枣核状"可以分为三个部分,前一个尖端部分为字头,中间鼓起的部分为字腹,后一个尖端部分是字尾。吐字是对字头发音的要求,归音是对字腹尤其是字尾的发音要求。吐字归音总的要求是:"字头叼住弹出,字腹拉开立起,字尾到位弱收。"字头指声母和韵头,字腹指韵腹,字尾指韵尾。吐字归音包括"出字"和"收音"。要求咬准字头(声母+韵头),吐清字腹(韵腹,即主要元音),收住字尾(韵尾)。

(二)吐字归音的方法

进行吐字归音的训练,要先进行普通话声母、韵母的练习。声母训练时,要严格掌握正确的发音部位和发音方法,找准着力点,使发出的音有弹力;韵母训练时,要严格控制口腔的开合、唇形的圆展和舌位的前后。另外还要多进行音节正音练习,即按照普通话的语音标准,矫正自己的方音、难点音。如平翘舌练习(z-zh, c-ch, s-sh),鼻音、边音练习(n-l),前后鼻韵母(n-ng)以及声调练习等。

初步练习音节吐字归音时,音节要呈"枣核形"。这就要求一个音节的发音过程有头有尾,声母、韵头为一端,韵尾为一端,韵腹为核心。字的中间发音动程大,时间长;字的两头发音动程小,口腔开合占的时间也短。

语言是流动的,实际表达时音节疏密相间、轻重缓急、错落有致,做到字字如核也是不现实的。较长较重的音节"枣核形"可以表现得充分一些,较短较轻的音节就不必追求"枣核形"。

吐字时嘴里要有充满气息的感觉,字从口中吐出时要富有弹性,字音沿着口腔的中纵线前行并有流动感。吐字要做到:准确、清晰、圆润、集中。普通话里的字尾,包括元音尾(以 i 和 u 收尾)和辅音尾(以 n 和 ng 收尾)两种。字尾阶段,口腔由开到闭,肌肉由紧渐松,字尾要归在应到的位置上,并趋向渐弱。

i 的收尾:从字腹到字尾,口腔逐渐缩小、放松,发完音后唇形扁平。

u(包括 ao、iao)的收尾:从字腹到字尾,口腔逐渐缩小,发完音后唇形收圆。

n 的收尾:发完音后舌尖回抵上牙床。

ng 的收尾:气息灌满鼻腔,穿鼻而出。

(三)吐字的综合感觉

吐字的综合感觉概括为五个字:拢、弹、滑、挂、流。

拢:指发音有关部位着力点向口腔中部集中。

弹:指字音从口腔出去时灵活轻快,弹发有力。

滑:指吐字过程中唇舌对音素的过渡要有滑动感。

弹:指字音从口腔出去时灵活轻快,弹发有力。

挂:指字音出口前要"挂"在硬腭前部。

流:指字音在口腔内要有沿中纵线向前流动的感觉。

吐字归音的方法可以用六个字来概括,即"出字、立字、归音"。

1. 出字,是对字头的处理,要求叼住弹出

"叼住"是就声母的成阻与持阻两个阶段而言的。字头是整个字音的着力点。有句话说得好,"咬字千斤重,听者自动容"。字头不着力就不能形成优美的声音。发"字头"的时候,发音器官成阻的两个部位不要接触或接近的面积太大,否则,口腔肌肉及舌肌容易松弛,字音不能清晰响亮。"弹出"是指声母的除阻阶段,也叫吐字阶段。要求把字送出去轻捷有力,就像弹出刀刃,干脆利落,不使拙劲。

2. 立字,是对字腹的处理,要求拉开立起

立字的过程是韵腹的发音过程。一个音节能否发得圆润、响亮、饱满,与韵腹的发音关系很大。字腹是字音里口腔开度最大的一部分,它

的音程长,响度大,最富色彩。

3. 归音,是对字尾的处理,要求干净利索,趋向鲜明,到位弱收

归音时,音节的发音到了收尾的时候,气渐弱、力渐松、口渐闭、声渐正,要给人字音完整结束的感觉,不能字音发到一大半就没了。所以归音比出字、立字难度更大。

三、共鸣控制

声带所产生的音量是很小的,只占人们讲话时音量的 5% 左右,既不响亮,也无法改变音色。其他 95% 左右的音量,需要通过共鸣腔放大。共鸣器官不仅可以扩大发声效率,还可以改变音色,改善声音质量。例如,舌位靠前,共鸣腔浅,可以使声音变得清脆;舌位靠后,共鸣腔深,可以使声音变得洪亮浑厚。所以,声音只有借助于共鸣器官,才会有响度、亮度和色彩,才能美化音色,才能变为清晰悦耳的语音。

(一)共鸣腔体及其作用

第一,口腔。口腔既是共鸣器官,又是咬字器官,是人类语言的制造场,口腔里的唇、舌、齿、腭、颊等部位的活动都可以改变口腔的形状,是最重要的共鸣器官。

第二,鼻腔。鼻腔的共鸣由鼻腔周围的含气骨腔和骨传导引起的骨质振动形成,对于高音的共鸣作用较大。

第三,咽腔。咽腔是声波的必经之路,是重要的共鸣交通区,对于扩大音量、润饰音色起着重要的作用。

第四,喉腔。喉腔是声波形成后的第一个共鸣腔体,如果喉部束紧,喉腔会被挤扁,声音就会偏扁。放松喉部有利于发挥喉部共鸣的作用。

第五,胸腔。发音时胸部会产生振动,声音越低胸部振动越明显,这种振动就是胸腔共鸣,胸腔共鸣可以使声音更加浑厚有力。

人们可以通过共鸣来扩大音量、美化音色。从人的声带本体发出的原声是非常微弱、单调的,既打不响,又传不远。共鸣器官起到了改变音色、改善声音质量的作用。各共鸣腔协调工作,才能使我们的声音饱满、圆润、浑厚、贯通。

共鸣器官主要包括鼻腔、口腔、咽腔、喉腔、胸腔。其中口腔和鼻腔

是最主要的共鸣腔体。鼻腔的共鸣由鼻腔周围的含气骨腔和骨传导引起的骨质振动形成,对于高音的共鸣作用较大;口腔既是共鸣器官又是咬字器官,是人类语言的制造场,对共鸣起着重要的作用;胸腔共鸣指发声时胸部产生的振动,声音越低胸部振动越明显,胸腔共鸣可以使声音更加浑厚有力。

(二)共鸣的方式

按照共鸣腔的位置和共鸣的区域,共鸣可以分为口腔共鸣、头腔共鸣、胸腔共鸣、鼻腔共鸣。中音共鸣主要指口腔共鸣,低音共鸣主要指胸腔共鸣,高音共鸣主要指鼻腔共鸣。为了适应生活中各种思想感情表达的需要,在口语表达中,我们都必须扩展自己的音域,共鸣方式应该是:以口腔共鸣为主,适当配以鼻腔、胸腔共鸣,也就是中、低、高三腔共鸣的方式,使各个共鸣腔上下贯通,一起产生共鸣作用。这样才能使音域宽广,发出的声音清晰明亮,深沉厚实。

(三)共鸣控制训练

口腔共鸣训练法是口语训练常用的方法,一般采用张口练习法。可用惊吓张口、半打哈欠、吞咽食物张口等感觉练习口腔张力,在气推声之前吸气和同时打开口腔立即发音,经过多次反复练习,可获得口腔共鸣的发音效果。此外还有胸腔共鸣训练法、头腔共鸣练习法,也就是人们常说的"三腔共鸣"。

1. 口腔共鸣控制

口腔是发音器官中最复杂、动作最灵活的腔体,口腔的开合、舌位的前后、舌头的厚薄、唇形的变化、下颌的松紧都能改变口腔的形状,影响共鸣的效果。

口腔共鸣的方法主要是:打牙关,提颧肌,挺软腭,松下巴。

打牙关,指上下颌在发音时要有较大的开口度和自由度,牙关打开,可以增大口腔的容积。打牙关就是使上下槽牙之间拉开一定的距离。可以练习发复韵母 ai、ei、ao、ou,发音时感觉声束沿上颚中线前滑,仿佛"挂"在硬腭上。

可以通过练习来体会:双唇用喷法(发 b、p 音)、舌尖用弹法(发 d、t 音),有意识集中一个点发,就像子弹从口腔里射出,击中某一个目标,声音要从上腭打到硬腭前端,然后送出,发音时鼻腔要关闭。

2. 鼻腔共鸣控制

鼻腔共鸣会使声音洪亮、高远、厚重。发音时,软腭放松、下降,打开口腔与鼻腔通道,使声音向上进入鼻腔,引起鼻腔振动,产生共鸣。但是过多的鼻音会影响声音的清晰度。

发鼻辅音 m、n、ng 时,软腭下垂,打开鼻腔通道,体会鼻腔共鸣。也可以发鼻辅音+口元音,如 ma-mi-mu,na-ni-nu 进行体会。还可以交替发口音和鼻音,如 ba-ma、pi-ni 等,通过比较体会鼻腔共鸣的感觉。

3. 胸腔共鸣控制

胸腔的空间及共鸣能量大,发出的声音具有宽度和深度,更加浑厚、宽广、结实,发 ha(哈)、hei(嘿)体会胸腔响点。

4. 音色虚实变化

在语言表达中,声音不断有虚实变化。实声是声带较为紧密靠拢时发出的声音,虚声是声带较为松弛、声带适度开启时发出的声音。丰富的虚实变化与多层次的音高、音量、音长的变化配合,便形成了多姿多彩的声音样式。

平时可进行以下音色虚实变化的训练:

第一步:在音高、音量比较自然和"宽窄"适度的情况下,发出实声的"a"或"i"的长音。

第二步:基本状态不变,只稍稍放松气力,在带有少许"回音"感的情况下,再次发音。此时,便是"以实为主,虚实结合"的音色。

第三步:基本状态不变,继续放松气力,再次发音,产生以虚为主的音色。

第四步:按以上三个步骤进行语句、篇章的虚实变化训练,通过对比,根据内容确定最恰当的音色变化方式。

发音中的共鸣是指声带振动时影响到其他邻近的器官或器官内部的空间所产生的声响效果。虽然发音器官是天生的,但共鸣却可以训练调节和改善。共鸣训练的目的就是通过共鸣的调节来改善声音的色彩,达到美化声音的目的。

第三章　幼儿教师口语表达训练研究

口语表达作为幼儿教师必备的基本功之一,旨在提高幼儿教师的人文素养和口语交际能力,力求让幼儿教师通过口语表达训练能比较全面、系统地掌握幼儿教师口语的基本理论,了解我国幼教政策法规,认识幼儿园教育教学的特点,切实提高口语交际能力和教育教学口语表达能力,在具有高尚的职业道德和良好的职业素质的同时,掌握系统、实用的知识和熟练的职业技能,具备可持续发展的职业能力。理论与实践相结合,用理论指导实践,借鉴具有典型性、代表性、普遍性的幼儿园教育教学过程案例,突显幼儿园教育教学等工作中语言运用的实践性、可操作性。以个人知识、直接经验和现实世界作为出发点及源泉,把获得的抽象理论知识在现实生活或者模拟职业情境中具体化,引导幼儿教师通过演绎的思维方式,运用理论知识去分析幼儿园教育教学现象,解决实际问题。

第一节　朗读训练

朗读是进行语言教学、学习普通话语音的重要环节。经常朗读语言优美的文章,可以丰富词汇,熟悉句型,有助于提高口头语言和书面语言的表达能力。用普通话朗读,可以逐步纠正方言,熟练运用语言技巧,学好普通话。

朗读学的理论体系揭示了朗读的基本规律。"理论是基础,目的是统帅,感受是关键;感情要运动,声音要变化,状态要自如。"我们在朗读文字作品时,必须遵循朗读的基本规律。朗读者把文字转化为有声语言的过程,其实就是自我感动和感动他人的过程。

一、朗读的基本要求

(一)语音准确,吐字清晰

朗读时注意声、韵、调到位,读音标准,多音字、异读词的读音准确规范,读好语流音变。对于把握不准的字音要勤查词典,不能胡乱猜测,随意去读。朗读中,还要做到吐字清晰,音色圆润,发音响亮,不能含混不清、滑音吃字。做到这些才能为准确地表达作品的内容奠定良好的基础。响亮清楚不仅仅是音量的问题,也是语言基本功的问题,应该练一练吐字归音,提高字音的清晰度。

(二)自然流畅,忠实原作

朗读时要忠实于原作品,做到不读错字、不丢字、不添字、不改字、不重复、不吃字(即不把字音含糊不清地带过去)。在熟悉作品的基础上,做到朗读连贯顺畅、语速得当、停顿断句符合语意表达的需要,把语句读得自然流畅。读得流利,就是要读得流畅自然,快慢适当,不破词、不破句、不重复字句。朗读时,如果读得随意停顿、结结巴巴,就会破坏作品的完整性,还会造成歧义。

(三)运用技巧,富有感情

朗读时要避免机械地把文字变成声音,单纯照字读音,或从头到尾没有高低起伏,没有感情色彩和声音抑扬顿挫的"念字式"和"念经式"。要根据作品的内容、风格,以及朗读者的语音条件,采用不同的方式和技巧去朗读,把握好朗读的分寸。做到正确理解与准确表达的统一,思想感情与语言技巧的统一,表达形式与体裁风格的统一。朗读时应以情带声,以声传情,富有真情实感地朗读,才能获得听者的共鸣。

(四)声音悦耳、节奏分明

语音朴实、明朗。朗读者在朗读的时候要根据文章的内容,用不同的音色来处理作品。要求声音富有感染力,音色优美圆润,嗓音持久及情绪饱满充沛。声音要给人以美的享受,赋予作品灵性,让听众有身临其境、回味无穷的感觉。朗诵语言的节奏,随着作品内容和朗诵者的感情而变化,注意轻重缓急,抑扬顿挫,连绵起伏。

(五)表情自然、生动自如

表达要准确,从整体的态度、情感到具体的停顿、重音、语气、节奏,都应当充分地体现作品的思想内容和精神实质,要形象生动,自然亲切。朗诵主要靠面部表情,并配以动作辅助表达情感。动作、表情要自然大方,不可生硬做作。朗诵虽然带有表演的成分,但它不同于表演,所以面部表情和手势动作一定要适度、得体,切不可过多、造作。

二、朗读准备训练

朗读不仅要让听众领会朗读的内容,而且要使其在感情上受到感染。朗读中如果离开了准确透彻地把握内容这个前提和基础,那么艺术技巧就成了无源之水,无本之木,就无法做到传情,无法让听众动情。因此,要朗读好一篇作品,必须在朗读之前做好一系列的准备工作。

(一)掌握朗读内容

理解和掌握作品内容应该是朗读的第一步,其次才是寻求适当的表达方法的问题。只有先透彻地理解了作品的内容,才谈得上正确而完善的表达。

如何正确理解作品呢?首先要透过字里行间理解作品的内在含义,明确文章的立意所在。立意是一篇文章的灵魂所在,只有抓住立意,才算抓住了朗读时的主要矛盾,只有了解了作者的立意之后,才能够设计安排朗读技巧,也才能朗读得准确。

当然,在朗读时还要坚持用普通话标准音读准每一个音节,这是朗读必须达到的起码要求。不仅要搞清楚文中生字、生词、成语典故、语句等的含义,还要解决字词的声、韵、调、语音流变等读音问题。

朗读之前要规范读音,扫清文字障碍。首先要发准字音,掌握语流音变等普通话语音知识。理解字词是分析作品的前提,朗读是以声音的形式将文字作品所表达的事物、阐发的事理、蕴含的情感等传递给听众的,如果字音念得不准确,信息的传递就会产生错误,使听的人莫名其妙、不知所云,甚至会产生误解。规范读音有助于提高朗读的准确性、庄重性和流畅感。

(二)确定朗读目的

朗读目的是指朗读者"为什么"要朗读这样内容、这样主题思想的作品。因此,在确定朗读目的时,不能脱离作品内容,远离作品主题另起炉灶,但也不能把作品的主题和朗读目的完全等同起来。朗读目的中既有作者的写作意图,又有朗读者的愿望;既要把作者的态度感情再现出来,又要把朗读者的态度感情表露出来。朗读时,作者和朗读者的态度感情有时是重合的。

实现朗读目的的根本在于朗读愿望。因为朗读者不是被动地传声复述,他的思想感情的运用、语气的转换、重音的确定、内在语的滚动,都取决于朗读目的。而朗读愿望正是具体产生于对内容的理解、分析、感受,特别是对目的的正确认识和深刻体会。只有目的明确,我们的态度感情才能在声音、语气中自然地流露出来[1]。

(三)投入朗读情感

情感是文学作品朗读的生命。离开了朗读者饱满而恰如其分的情感,朗读就必然是没有生气的。那么,如何投入朗读情感呢?这需要朗读者在正确理解作品内容的基础上,设身处地去感受、体验,自己受到感染,才能去感染听众。情感不是凭空产生的,它基于对生活的观察和体验,有赖于对作品的深入研究,对作品的体会越深刻,所产生的情感越强烈,因此在朗读时要表现出高亢、乐观、坚定的内在情感。

把握作品创作的背景、作品的主题和情感的基调,只有透彻地理解,才有深切的感受,这样才会准确地理解作品,才能正确地表现作品的思想感情。基调是指作品的基本情调,即由作品总的情感所决定的语言的基本特色。把握基调主要是指要把握作品整体感情倾向,朗读者只有从作品的人物、事件或作品的语言风格等方面去认真揣度,才能恰当地把握住作品的基调。但是,这并不意味着全篇作品用一成不变的腔调来读,因此,把握基调要处理好整体性与变化性的关系。朗读时

---

[1] 杜慧敏.普通话口语训练新编[M].北京:北京师范大学出版社,2014.

一定要区别对待,灵活变化。

朗读基调有各种不同的类型:有庄重严肃的,有轻松活泼的,有悲愤凝重的,有喜悦明快的,有激越澎湃的,有舒缓从容的,有雄浑豪放的,有秀丽婉约的,等等。例如,诗歌《周总理,你在哪里》的感情基调是深沉、哀婉思念;童话《卖火柴的小女孩》则是亲切爱怜、压抑愤懑。

三、朗读技巧训练

（一）掌握朗读符号

朗读者在阅读钻研作品、反复推敲作品时,为了更好地再现作品的思想内容和更好地实现朗读目的,往往在文字中做些标记,我们把这些标记称作"朗读符号"。下面本着有益于朗读和便于操作的原则,介绍几种常用的朗读符号。

（1）/ 停顿号。一般停顿,可换气,也可不换气,不论有无标点处均可用。

例如:我们的祖国／是一个伟大的国家。

（2）// 间歇号。较长停顿,换气,不论有无标点处都可使用。用于有标点处,表示停顿时间更长些。

例如:井冈山 // 五百里林海里,最使人难忘的 // 是毛竹。

（3）. 重音号。表示重读。

例如:桂林的山真奇啊……桂林的山真秀啊……桂林的山真险啊……

（4）⌒ 连接号。只用于有标点的地方,连接较紧密,表示缩短原停顿时间,或不停顿连起来读,不换气。

例如:糟了⌒糟了⌒月亮掉到井里去啦!

（5）＿＿＿ 短语号。把需要连起来读的词或短语连在一起,避免破坏语意。

例如:中华人民共和国外交部新闻司昨天发布公告。

（二）训练朗读技巧

对朗读的技巧要作精心的安排,应该认真推敲,从而使语音清晰准确,语调抑扬顿挫,语气刚柔相济,语意褒贬分明,使朗读避免主观随意性。

朗读者在深刻透彻地把握作品内容的基础上,还需要运用表达技巧将作品的思想内容和情感表达出来。朗读技巧主要包括停连、速度、重音、语调几方面。

1. 停连

停连是指朗读语流中声音的停顿和连接。通常不管是说话或朗读都需要换气,就是话与话之间的自然停顿。此停顿不只是生理上的需要,也可用来表情达意,使听话的人更能领略说话者或朗读者的意思。如:

第一,森林维护地球生态环境的／这种"能吞能吐"的特殊功能／是其他任何物体／都不能取代的。

第二,好像我背上的／同她背上的加起来,就是／整个世界。

连接只用于有标点符号的地方,表示缩短停顿时间,连起来读。如《祝福》中:啊呀,我的太太!您真是大户人家的太太的话。我们山里人,小户人家,这算得什么？她有小叔子,也得娶老婆,她不嫁了,哪有这一注钱来做聘礼？

停连是指朗读语流中声音的中断和延续。朗读不是一字一顿地读,也不是毫无间歇地一口气连续读下去,而是连中有停,停中有连,停连结合的。朗读中的停或连,都不是任意的,而是思想感情发展变化的体现。如:妈妈听到声音,十分高兴,赶忙走了出来。她看到／儿子有些奇怪,就对他说:"这是你刘阿姨。"有了停顿,语意就更清晰了。

文字语言的标点符号并不等于有声语言的"标点符号",因为一个是供人看的,一个是供人听的。朗读时要根据作品的内容和表情达意的需要,打破标点符号的限制。努力做到连到好处,停在妙处,以增强有声语言的表现力。

停连是朗读者调节气息的需要和结果,是准确传情达意的方法。恰当的停连,可以清楚地显示语句脉络,强调、突出表达重点,还可以控制语速,增强语句的节奏感,造成抑扬顿挫的旋律美。同时,给听众留出思考、理解和接受的时间,以更好地理解语意。

例如:

母亲｜要走大路⌢大路平顺;我的儿子｜要走小路⌢小路有意思。

桃树⌢杏树⌢梨树,你不让我⌢我不让你,｜都开满了花赶趟儿。

停连一般可分为语法停连、强调停连、生理停连。

（1）语法停连

语法停连指的是显示句子的各种语法关系的停连。往往发生在主语和谓语，谓语和宾语，定语、状语和中心语之间。在这些成分的中间略作停顿，可以更加清楚地表明整个句子的结构层次、结构关系，从而更好地传达整个句子的含义。

一般来讲，段落与层次之间，句子与句子之间都要停顿，而且时间略长些；句子成分之间也要停顿，停顿时间略短些。标点符号是朗读作品时语言停连的重要依据。

例如：

①山 / 朗润起来了，水 / 涨起来了，太阳的脸 / 红起来了。（朱自清《春》）

②我知道 / 太阳要从那天际升起来了。（巴金《海上的日出》）

③我常常遗憾我家门前 / 那块丑石。（贾平凹《丑石》）

（2）强调停连

强调停连指的是为了强调某一事物，突出某一语意或某种感情而做的停连。强调停连在不是语法停连的地方做适当的停顿，也可以在语法停顿的基础上变动停顿的时间。

例如：

①小白兔没有了 / 兔妈妈就着急了。

小白兔没有了兔妈妈 / 就着急了。

②别了，我爱的中国，我全心爱着的 / 中国！（郑振铎《别了，我爱的中国》）

（3）生理停连

生理停连是指作品中人物因生理上的需要而产生的异态语气。比如，激动、上气不接下气、无力完整说话断断续续地、口吃等状态。生理停连在朗读中要注意把握好分寸，能够提点传神即可，而不强调夸张的呼气和吸气声音，以免打断稿件语气的脉络。在朗读中只给以必要的、象征性的表现，而不可过分强调模拟性。

例如：

1964年5月14日，在焦裕禄同志生命的最后时刻，中共河南省委和开封地委两位负责同志守在他的床前，他拉着这两位同志的手，断断续续地说："党……派我……到兰考……工作，我……没有……完成……党交给我的……任务。"

2. 速度

文章的体裁和内容影响朗读的速度,通常表现高兴、紧张、害怕、激动、愤怒等内容时速度较快,悲伤、失望、生病、哭泣等内容的速度较慢。

节奏的运用往往使得朗读自始至终贯穿着一种生命的律动,使朗读者情感的抒发和听众的心灵相互触动与感染,交流与沟通。节奏的产生离不开语言的抑扬顿挫、轻重缓急的变化。朗读时,节奏的类型不是单一的,也不是固定不变的。节奏类型主要是针对整篇作品而言的,因此从全篇来把握,要注意其整体性。一篇作品也不一定只有一种节奏,还要注意其变化性。如《卖火柴的小女孩》节奏类型应属于低沉型的,但在朗读幻觉中的"幸福感"时,就可以稍扬。全篇以抑为主,欲抑先扬,回环交替,形成现实和幻境的深刻对比。

根据节奏的基本特点和表现形式,一般来说,节奏可以分为六种类型:

(1)轻快型——多扬少抑,多轻少重,语流显得轻快、欢畅,如《小蝌蚪找妈妈》。

(2)凝重型——多抑少扬,多重少轻,音强而着力,语势较平稳,如《最后一课》。

(3)低沉型——少扬多抑,语速缓慢,声音偏暗、偏沉,如《卖火柴的小女孩》。

(4)高亢型——语势向高峰逐步推进,语速偏快,声音明亮、高昂、爽朗,如《海燕》。

(5)舒缓型——多连少停,声音清亮,语气舒展自如,语速徐缓,如《再别康桥》。

(6)紧张型——多连少停,多重少轻,语言密度大,语气急促、紧张,如《最后一次演讲》。

3. 重音

重音是体现语句目的的重要手段。因为重读的字词不同,感觉所强调的重点就不一样,重音用得恰当,可以使语句的意思更加鲜明,而表达不同的意义。如:

①晚饭过后,火烧云上来了。霞光照得小孩子的脸红红的。大白狗变成红的了,红公鸡变成金的了,黑母鸡变成紫檀色的了。(萧红《火烧云》)

②小朋友,我们现在说话用的是什么语言?对了,是汉语,是汉民族的语言。

③有这么一个传说:古时候,天上有十个太阳,晒得地面寸草不生。

重音在语句中的位置没有固定格式,只有从朗读目的、愿望出发,在深刻理解和感受作品内容的基础上,才能准确地确定重音的位置。如:

断章

卞之琳

你站在桥上看风景,

看风景的人在楼上看你。

明月装饰了你的窗子,

你装饰了别人的梦。

这首小诗看起来意思很简单,但却寓意深刻。诗中只有四行两个段落,前两行说你在桥上看风景,而你成了从楼上看风景的人的风景的一部分。在这一段落中,上句桥上的"你"是主体,而下句中的"你"又不自觉地成为"楼上"人所观赏的客体。后两行中,又把二者的关系推进了一步:在楼上明月装饰了你的窗子,在这个意境中你会有各种感情的活动,同时你又成为客体被别人引入自己的梦境。

另外,重音的朗读并不只是加强音量,有的需要特别强调的重音反而会采用轻读的方法去表示。一般用于表达深沉、含蓄的细腻情感。如:

①今年二月,我从海外回来,一脚踏进昆明,心都醉了。

②这天夜里,我做了个奇怪的梦,梦见自己变成一只小蜜蜂。

重音是指在朗读中根据句子的语意要加以特别强调或突出的字、词或短语等。每篇作品都有主题,朗读作品都有目的,落实到语句中,语句也有目的,重音就是体现语句目的的重要手段。同样一句话,由于重音位置不同,整个句子的意思也就发生了很大的变化。确定恰当的重音位置,才能做到准确地表情达意。

重音有词重音和语句重音之分。词重音指的是词的轻重格式中重读的音节,这里说的重音指的是语句重音。语句中什么地方该重音没有固定的规律,要根据说话人的意愿和具体的语境而定。

重音一般分为语法重音和强调重音两种。

(1)语法重音

语法重音是指根据句子的语法结构的特点而处理的重音。这类重音位置比较固定,常见规律是:短句中一般谓语重读,定语、状语、补语或句子中的疑问代词、指示代词往往重读。

一般来说,语法重音没有特别强调的色彩。

例如:

盼望着,盼望着,东风来了,春天的脚步近了。(谓语重读)(朱自清《春》)

那是小鸟儿舒适又温暖的巢。(定语重读)(冯骥才《珍珠鸟》)

什么是永远不会回来的呢?(疑问代词重读)(林清玄《和时间赛跑》)

(2)强调重音

强调重音是指为了突出语意重点或为了表达强烈感情而读出来的重音,它不受语法结构的制约。

例如:

谁在读英语?——我在读英语。

你在读什么?——我在读英语。

你在干什么?——我在读英语。

你在读英语?——我在读英语。

读重音绝不仅仅是加重声音,如果表达时凡是重音都使用一般大小的劲儿,会给人一种呆板单调的感觉。重音的表达方式多种多样,朗读者要在明确朗读目的,深入理解作品的基础上寻求多种变化形式。重音可以重读,也可以轻读,也可以延长,另外,弱中加强,低中见高,快中显慢,连中有停,实中转虚……都是重音的表达方式。所谓的"重"是在和"轻"的对比中而存在的,因此重音表达的实质就是对比。

例如:

风/轻悄悄的,草/软绵绵的。(重音轻读)

这太阳/像负着什么重担似的,慢慢儿,一步一步地,努力/向上面升起来。(重音慢读)

让暴风雨来得更猛烈些吧!(拖长字音,加大音量)

一个读书人,一个有机会拥有/超乎个人生命体验的/幸运人。(利用停顿)

周总理,我们的好总理,你的人民想念你。(一字一顿)

树叶儿却绿得/发亮,小草儿也青得/逼你的眼。(提高字调)

4.语气语调

（1）语气

语气是由"语"和"气"组成。"语"是指通过声音表现出来的语句，"气"是指朗读时支撑有声语言的气息状态。语气的一面是内在的思想感情的色彩和分量，另一面是外在的高低、快慢、强弱、虚实的声音形式。具体来说，"语"是"神"的部分，"气"是"形"的部分，朗读、说话必须形神兼备，才能准确而生动地反映出朗读者和说话者的本意。这当中，不但音随意转，气随情动，而且以情运气，以气托声，以声传情。即有什么样的感情，就会产生什么样的气息，有什么样的气息，就会有什么样的声音状态。由此可见，语气是情、气、声的结合体。

语气运用的一般规律是：

①爱则气徐声柔。例如：栗色的小兔子想要去睡觉了，它紧紧地抓住栗色的大兔子的长耳朵，它要栗色的大兔子好好地听。它说："猜猜我有多爱你？"（[爱尔兰]山姆·麦克布雷尼《猜猜我有多爱你》）

②憎则气足声硬。例如：小猫咪看看它说："狐狸，狐狸，你不做工，还想白白吃东西，哼！我才不带你去呢！"说着，就跑掉了。（童话剧《小熊请客》）

③悲则气沉声缓。例如：老星星说："每晚，我们星星一出来，花儿就睡了。我从来没见过开放的花。现在我老了，快要离开这个世界了，真想看一看开放的花……"（冰波《流星花》）

④喜则气满声高。例如："今天的运气真不错！"驴小弟想，"从现在起，我要什么就会有什么了。爸妈也可以想要什么就有什么。我的亲戚、朋友，以及所有的人都可以要什么就有什么啦！"（[美]威廉·史塔克《驴小弟变石头》）

⑤惧则气提声抖。例如："大老虎嚼起铁杆来，跟吃面条一样……"小兔说着，害怕得缩起了脑袋。（冰子《没有牙齿的大老虎》）

⑥急则气短声促。例如：小猴子大叫起来："不好了，不好了！月亮掉到井里去了。"（寓言故事《猴子捞月亮》）

⑦怒则气粗声重。例如：狼气冲冲地说："就算这样吧，你总是个坏家伙！我听说，去年你在背地里说我的坏话！"（寓言故事《狼和小羊》）

⑧疑则气细声黏。例如：小猫喵呜喵呜叫："你为什么要吃我呀？"（《狮子照哈哈镜》）

朗读时,情是主导,是内涵,是依托;气息是被情支配、引导的,是声音的基础、动力;声音是形式,是情的外在表现,是气息控制的结果。只有感情上的千变万化,才有气息上的千姿百态,也才会有声音上的姹紫嫣红。

(2)语调

语调,也称句调,是指朗读时整个句子高低升降的语流变化。

语调不同于声调。语调是整个句子音高的高低升降变化,声调则是一个音节音高的高低升降变化。

通过语调高低升降的变化,可以表达不同的语气,体现说话人喜怒哀乐的不同感情态度。语调是语气的载体,语气是借助于语调来表现的,所以说语调是语气外在的快慢、高低、长短、强弱、虚实等各种声音形式的总和。

语调的起伏千变万化,很难找到完全相同的形式。这里仅对一般语调总的运动趋势做粗略的归纳,语调可大致分为平直调、高升调、降抑调及曲折调四类。

①平直调(→)

语流的运动状态基本平直舒缓,没有显著的高低升降变化。一般多用在叙述、说明或表示迟疑、沉思、严肃、冷淡、悲痛、悼念等句子里。

例如:

记得一位伟人说过:母亲是女儿心中的太阳。(叙述)

他想是向爸爸妈妈要钱,还是自己挣钱。(思索)

烈士们的英勇和业绩将永垂不朽!(严肃)

②高升调(↗)

句子语势逐渐由低升高,句尾音强而且向上扬起。一般表示疑问、反诘、号召、高兴、惊讶、紧张等语气多用这种语调,也用于表示激动的心情。

例如:

你怎么来了?(疑问)

这不是很伟大的奇观吗?(反问)

大家赶快行动起来吧!(号召)

草屋竟然变成了楼房!(惊异)

③降抑调(↘)

句子语势先高后低,逐渐下降,末尾低而短。一般表示肯定、恳求、允许、感叹、自信、祝愿等语气或心情沉重等感情的句子里。

例如：

似乎每一片树叶上都有一个新的生命在颤动,这美丽的南国的树！（赞美）

多可爱的孩子啊！（感叹）

放下武器,举起手来！（祈使）

乌云是遮不住太阳的！（自信）

④曲折调（↗↘或↘↗）

句子语势有较明显的起伏,或先升后降,或先降后升,末尾音也往往伴以特别的加重、拖长,形成一种升降曲折的变化。常用于表示特殊的感情,如夸张、反语、惊讶、幽默、嘲讽、双关等句子里。

例如：

上帝,这衣服多么合身啊！裁得多么好看啊！（夸张）

啊,亲爱的狼先生,那是不会有的事。（惊讶）

你漂亮,全世界数你最漂亮！（讽刺）

语调指的是语句里的声音高、低、升、降的变化。语句里有了这些变化,才会有动听的语调。所谓声音的高低升降就是抑、扬、顿、挫的搭配。搭配得宜,节奏感好,词句就富有音乐的美感。语调的高低变化是由说话的人对他所说的事物态度决定的。如：

今天天气很好↗？（不太相信。语调升得快而高）

今天天气很好↘。（极端肯定。语调降得快而低）

今天天气很好↘！（天气之好出乎意料）

今天天气→很好。（沉吟）

今天天气很→好！（感叹）

朗读实践证明,"曲折性"是语调的根本特征。语调不是字调,也不是声调,更不能把它固定在上扬、下降、平直的框框里。比如语气词"啊",从字义上讲,只表示惊疑或赞叹。但从思想感情的变化状态来看,"啊"表示的意义却是多种多样的。它可以表示迟疑、坚定、悲哀、兴奋、轻松、沉重、淡漠、向往、失望、愤恨等[1]。因此,不同语调的运用取决于朗读内容的不同。

---

[1] 冯玉珍.谈谈朗读四要素[J].安顺师范高等专科学校学报,2005（1）.

第二节　态势语训练

早在 20 世纪 30 年代初，我国著名修辞学家陈望道先生就在其著作《修辞学发凡》中将语言划分为"态势语""声音语"和"文字语"三种，对态势语这种信息交流方式予以高度的重视。态势语在生活中的运用相当广泛，在口语交际中更是不可缺少。在人的口语表达中，态势语占据相当多的分量。

人类传递信息的方式主要有三种，即书面语言、口头语言和态势语言。态势语也叫体态语，它是说话者通过自己的身体姿态、仪表风度、手势动作、面部表情和服饰打扮等来表达情意、传达信息的一种非有声语言。它可以部分代替有声语言或表达有声语言难以表达的感情和态度，是口语交际的重要辅助手段。

一、态势语的特点

（一）直观性

态势语之所以能够辅助有声语言而产生形象、生动的表达效果，主要是因为它具有完全可见的表现形式，直接作用于人的视觉。毛泽东主席在十大教授法中提倡"以姿势助说话"就强调了态势语在教学中的重要作用。为此，要求我们在教学中一定要研究和运用态势语，这样才能增强教学效果。

（二）真实性

态势语并非是人们日常生活中的一般动作，而是在特定条件下用表情、动作和体姿来做交流思想的工具，是表露人的内心、寄予人的情感的语言。发出态势语的一方既有可能是下意识的一种控制行为，又有可能是无意识的行为。心理学家弗洛伊德就曾说过："凡人皆无法隐藏私情，他的嘴可保持缄默，他的手却会'多嘴多舌'。"由此看来，人体语言大都发自内心深处，极难压抑和掩藏。

(三)伴随性

态势语虽然具有直观性和真实性的优势,但它毕竟不是一种独立的语言交流系统,而是存在于口语表达的过程之中,对有声语言作必要的辅助和补充,以提高说话的整体表达效果。口语交际中第一位的表达手段仍然是有声语言。只有有声语言才能最清楚最细腻地传达各种信息。态势语只能表达一部分内容,它能补充有声语言,但不能脱离有声语言,更不能完全代替有声语言。

二、态势语的作用

在特定的语境中,态势语还可以代表有声语言。例如,外国人买东西的过程就是借助态势语;运动场上裁判更是主要借助手势进行裁决;考试时教师提醒学生不要说话,用食指封唇即可。在口语交际过程中,态势语发挥着重要的作用,具体来说表现为:

辅助有声语言是态势语言的主要功能,因为态势语言的运用,能加强语言表达时的效果,能辅助有声语言圆满地表达内容,充分地抒发感情;它可以对重要的词语、句子进行加重或强化处理,具有强调功能,因而提高了有声语言的表达效果。

塑造自身形象,产生良好的"首因效应",以弥补有声语言之不足。在面对面的交流中,人的身姿体态、举手投足、面部神情等始终发送着各种信息,达到"此时无声胜有声"的效果。因此态势语言可以把有声语言不便说、说不出的意思表达出来,或者帮助表达未尽之意,它具有取代和补充功能。

态势语可以化不利、被动的局面为有利、主动的局面。适当的微笑、点头、坐姿等动作还可在紧张的语言氛围中起到一定的调节作用。在一般口语交际活动中和教师职业口语的运用中,学习正确使用态势语,初步养成运用态势语的好习惯,有助于我们在未来的幼儿教育工作中更好地运用教学语言,达到更好的教学效果。对我们加强人际的交流沟通,减少信息传递中的误差,丰富口语交际的内涵,以及保持良好的教师形象,都有着重要的作用。

三、运用态势语的基本要求

态势语言虽然具有以上众多的作用,但要注意的是:它是一个有机的整体,眼神、表情、手势、身姿、仪态等必须和谐统一,并且与口语表达协调默契,符合演讲者的思想情感才能起到应有的作用。

态势语的设计旨在协助有声语言更好地表达思想感情,因而必须做到以下四点。

（一）自然真诚

态势语应是交谈者或演讲者内在思想感情的自然流露,是有声语言的有机组成部分。要顺乎自然,不要为了追求美而画蛇添足,为了追求有风度而机械模仿。态势语要与有声语言融会贯通,随内容和感情的需要而出现,强调临场性,它才是自然的、恰当的。另外,"怯场"也是造成态势僵硬的主要因素,所以要多创造当众讲话的机会,闯过心理关,态势才会更加自然大方。

（二）简洁明了

态势语的使用要有目的性,一挥手、一摆头、身子前倾或后仰,都有内在的根据,清楚的用意。运用态势语要与交际对象的言语情态相协调,要与交际现实的特定场合、环境氛围相一致,并要与交际的目的及听说双方的年龄、身份等相符合。过多的下意识或者无意识的态势不但会引起听众的视觉疲劳,还有可能造成听众的费解、误解。

（三）适度适宜

态势语在交际当中应当是情随意生,洒脱自然,是表达者内在情感的自然外化,生于其所当生,止于其所当止。要反对那种装腔作势、矫揉造作或生搬硬套、机械模仿的态势语,因为那样的态势语只会对口语交际产生负面影响。

（四）富有变化

使用态势语时,手势、表情和身姿要协调,另一方面,态势语的运用要根据讲话内容和感情需要,同有声语言协调一致。它的节奏要同有声语言的节奏同步,超前或滞后都会破坏交谈或演讲的整体一致性,影响有声语言的表达。动作的幅度也要随情感的强弱作出相应的调整。另外,态势语的运用要针对听者的多少、会场的大小、环境条件变化而有所区别,还要根据听众的不同而有所选择。

四、态势语训练的主要内容

态势语的内容是非常丰富的,主要包括身姿语、手势语和表情语等。例如眼神、口型等,在这里对主要内容进行介绍。

(一)身姿语

身姿,身体的姿态,即身体的无声动作。一个人的身姿往往反映着他的心理状态,以及他对人或事所持的态度,也体现一个人的风度。充满信心、乐观豁达的人,站立时往往抬头挺胸;缺少自信、消极悲观的人,站立时往往弯腰曲背。猛然坐下者,给人以过于随便之感;深坐者给人以老成持重之感,表达一种心理优势;浅坐者则给人以局促不安或谨慎、谦恭之感。走路时步频较快、步幅较大、步履轻松,往往是心情愉快、春风得意;步频缓慢、步幅较小、步履滞重,往往是心情欠佳,精神不振。

身姿语包括坐姿、站姿、步姿等,是构成口语交际中说话者或听话者整体形象的重要因素。正确、良好的身姿语体现了教师的基本素质。

坐姿。我国传统的坐姿要求是"坐如钟",标准的姿势是:腰背挺直,肩部放松,女士双膝并拢,男士可以适当分开一些,但也不能超过肩宽。在交际活动中,选用什么样的坐姿受具体语言环境的制约,严肃、认真的场合宜"正襟危坐",随和、休闲性场合坐姿则可以放松随意。

站姿。站姿是交际活动中一种常见的姿态,我国传统的站姿要求是"站如松",标准的站姿是:全身笔直,挺胸收腹,精神饱满,两肩平齐,腿要绷直,脚要并拢。这是基本功,但社交场合下,如果从头到尾都取这种姿态,容易疲劳,所以,可以在基本姿态的基础上加以变化,使站立的姿态既不失礼貌,又不至于疲劳。

步姿。步姿就是人行走的姿态,它是通过步态传递信息的语言。我国传统的步姿要求是"行如风",现在步频的要求不一定那么快,但也要做到自然、轻盈、敏捷、矫健。一般情况下男士的步幅在70厘米左右，女士在60厘米左右；男士每分钟走108～110步，女士每分钟走118～120步。当然，不同年龄、不同职业、不同性格特点的人，在不同的交际环境下体现的步姿不完全一样。所以，要根据不同语境的表达需要选用不同的步姿。

（二）手势语

"手是人的第二张脸"，戏曲舞台上的这句名言说明了手在整个态势语言组成中的重要作用。手势语主要指口语交际中臂、手的动作。手势语生动丰富、千姿百态，在教学活动、日常交往、谈判、演讲中的使用频率都很高，既能表情达意，又能展示个性。

手势语主要具有指示作用，用以指明演讲中涉及的人或事物及其所在位置，从而增强真实感和亲切感，可以实指，也可以虚指。手势有一定的活动区域，在不同的区域里，表达的情感内容有所不同。

口语表达中手势的使用必须依内容而决定，同时必须牢记它只是口语表达的一种辅助方式，所以应该在口语表达中自然流露出来，与说话内容、说话人的仪态形成完整的一体，没有丝毫组合的痕迹；另外手势的使用要达到给人以和谐之美的效果，平时要有意识地做一些常用手势的练习，使自己做出的手势能够和谐、自然、得体。

手势语可以分为如下几类：
（1）情意手势，主要用于表达说话者的情感。
（2）指示手势，用于指明要说的人、事物、方向、数量等。
（3）象形手势，用于摹形状物，给听众以形象化的感觉。
（4）象征手势，用来表达抽象概念。

（三）表情语

表情是心灵的屏幕，表情语正是通过面部表情的不同变化反映说话者不同的内心活动。在态势语中，表情语最丰富，也最富有表现力，它能最迅速、最灵敏、最准确、最充分地反映人的各种感情。人的面部表情贵在四个字：自然，真挚。

表情语训练主要是面部表情和眼神的训练。面部表情指眉、眼、鼻、嘴、脸面的动作和状态。

眼神是面部表情达意最丰富的渠道,如正视表示庄重、诚恳,斜视表示蔑视,环视表示与听众交流,仰视表示崇敬,俯视表示关心,等等。作为口语表达的辅助手段,表情要随表述的需要机动地调整,比自然状态更明显一些,更夸张一些。

"眼睛是心灵之窗"人们内心世界的活动,只要不是刻意掩饰,大都可以通过眼神表露出来。这固然是因为眼在人体中所处的位置明显突出,更重要的是眼睛拥有丰富的表现力。

第三节　演讲训练

演讲有着不可估量的社会作用和社会价值。演讲是宣传和动员群众的一种手段,是阐明理论观点、发表学术见解的一种手段,又是锻炼口才、提高素质的一种手段。演讲的训练是对人多方面能力的训练,对一个人各方面素质的提高起到重要的作用。

一、演讲的含义及分类

演讲是指在特定的场合,面对听众就某个问题发表自己意见的一种独白体说话形式,必须具备以下四个要素:演讲者、听众、沟通二者的媒介以及演讲者和听众同处一个时空。

在演讲活动中,联系演讲者与听众的是以有声语言和态势语言为物化载体的信息和信息所负载的思想和情感。区别于其他的交流方式,沟通演讲者和听众的媒介主要是有声语言和态势语言。

按演讲方式划分:命题演讲,是指演讲者事先经过准备,就某一专题所发表的演讲,其特点是主题鲜明,针对性强,内容稳定,结构完整。

即兴演讲,又称即席演讲,是指事先没有准备的演讲。这类演讲有较强的临时性,具有篇幅短小、思维敏捷、方式灵活的特点。

论辩演讲,指对某一事物、某一问题持有不同观点的双方,以坚持本方观点、驳斥对方观点为宗旨进行的演讲。这类演讲具有针锋相对、短兵相接的特点,要求演讲者思维严密、应变能力强。

此外,演讲的分类方式还有很多。18世纪著名演说家乔治·坎贝尔根据演讲的意图和目的,把演讲分为娱乐性演讲、传播性演讲和鼓动性演讲等,英国梅尔斯把演讲分为建议性演讲、情感性演讲和大众性演讲等,我国著名演讲家邵守义先生从演讲的功能上将演讲分为使人知类、使人信类、使人激类、使人动类和使人乐类。

演讲的准备方法多种多样,但是无论哪种方法我们都可以把它归为"五步",我们称为"演讲的准备五步",即:拟定讲题、设计标题类型、写好讲稿、熟记讲稿和自我讲练。

二、演讲的作用

（一）演讲可以作为宣传的手段

演讲作为一种社会活动,是宣传和动员群众的一种手段。

（二）演讲可以作为传播知识的手段

例如学术演讲由权威担任主讲,能造成良好的心理定式,在一定程度上就是为了传播知识,阐述自己的学术见解和科研成就。

（三）演讲可以作为训练口才、提高素质的手段

演讲作为一门语言艺术,离不开思维的缜密、机敏,所以演讲的过程也是锻炼思维的过程。演讲需要广博的知识,准备演讲的过程就是一个知识运用和拓展的过程,因而演讲可以促进人们的知识储备。另外,演讲要在大庭广众之下阐述自己的观点、想法,这就需要很好的心理素质。由此可见,演讲的训练对一个人各种能力的训练,对各方面素质的提高都有帮助。

三、演讲的分类训练

演讲从形式上进行分类,通常可以分为命题演讲和即兴演讲。这节将分别针对两种形式进行分析。

（一）命题演讲

命题演讲是指题目事先已被确定,演讲者根据题目要求做了一番

准备之后所进行的演讲。

1. 命题演讲的特点

（1）主题鲜明

这是命题演讲的最基本要求。演讲者要旗帜鲜明地表明自己的观点，赞成什么，反对什么，不要含糊不清。

（2）针对性强

命题演讲的一个很大的优势就在于可以针对现实生活中的热点问题发表观点，表明态度，由于与生活密切相关，因此也容易引起听众的共鸣。

（3）内容充实

演讲者在选择材料时除了视野开阔外，还要注意选择具有代表性的典型事例，以增强说服性和感染力。

（4）结构完整

要求演讲的起承转合要精心安排，对层次段落、过渡和照应、开头和结尾的设计要匠心独运。

2. 命题演讲成功的条件

（1）做好演讲准备，记熟讲稿，反复演练。

（2）保证临场发挥效果，学会控场，有一定的应付意外情况的能力。

（3）注重自我形象的展示，做到着装得体，举止合度，神情端庄，表现自然。

3. 命题演讲的训练

[训练目标]

（1）引导学生弃低从高，不断进步。

（2）学会定题、选材。

（3）提升演讲时的口语表述能力。

[训练方式]

（1）由教师设定一个主题，大致限定演讲内容，设定相对一致的评价标准。

（2）可以以比赛的方式轮流进行。

（3）规定演讲时间，如3～5分钟。

[训练内容]
（1）"中国梦，我的梦"
（2）"争做民族复兴栋梁"
（3）"读书在行知"。

[训练要求]
（1）对于主题，参赛者一般只能服从，不能变动。
（2）对于每一个演讲者来说，可以在统一主题下给自己的演讲稿另标一个小标题，选定自己的角度。

[训练提示]
（1）题目确定"宜小不宜大"。
（2）标题要醒目。
（3）立论要避免偏激和以偏概全。
（4）找到论题与自身经验的交叉点。
（5）演讲要符合自己的个性。

（二）即兴演讲

即兴演讲是指演讲者在特定场景和主题的诱发下，自发要求或由外力推动的一种临时性演讲。

1. 即兴演讲的特点

（1）应用的临时性
即兴演讲通常是在毫无准备的情况下进行的，即使有时间准备，也是要求在较短的时间内投入演讲状态，所以基本无法写出讲稿，甚至连提纲都来不及列出，主要靠临场的发挥。

（2）内容的触发性
即兴演讲往往是在某种特定场合或特殊情况下激发了演讲者不吐不快的强烈欲望，这类演讲会显得格外激情澎湃，而且气势感人。如闻一多先生的《最后一次讲演》。

（3）表现手法的简洁性
即兴演讲不需要长篇大论，兴之所至，灵感突发，如果能在两三分钟之内以寥寥数语撩拨听众的心弦，引起强烈的共鸣，那么演讲的目的便达到了。因此篇幅讲究短小精悍。

（4）思维的敏捷性

即兴演讲由于是事先没有准备，临场有感而发，因此更注重敏捷的思维能力，要求演讲者迅速地将内部语言转化为表达能力。

2. 即兴演讲的训练

［训练目标］

（1）训练思维的敏捷性。

（2）培养迅速确定主题、组织材料的能力。

（3）培养能够顺畅而完整地表达的能力。

［训练方式］

（1）假设或模拟某种生活场景。

（2）可以轮流进行或分组后组内选派代表进行。

（3）规定演讲时间，如3分钟。

（4）演讲后由其他同学或教师对所讲内容进行评述。

［训练内容］

（1）班长竞选活动中，报名竞选的有前任班长、前任学习委员、前任体育委员、普通同学等几个。请你任选以上一个角色，准备在竞选会议上作一个即兴发言。

（2）元旦联欢晚会在进行中，突然停电了，全场一片漆黑，场内开始出现了哄闹趋势，你作为节目主持人，请你讲一段话，使同学们在欣赏你的演讲艺术的过程中，愉快地度过这几分钟。

［训练要求］

（1）临危不乱，从容不迫。

（2）具备随时准备演讲的心理状态。

［训练提示］

（1）把握现场气氛，演讲的感情基础要与场合气氛和谐一致。

（2）了解听众，把握讲话的分寸。

（3）因事而发，把握事件的实质性意义。

（4）新颖别致、突出特色，把握自己的身份。

第四节　讲幼儿故事训练

讲故事是幼儿教育的重要内容,也是幼儿园教育活动中最基本的教育手段。幼儿教师一定要学会选择适合幼儿的优秀故事,学会讲故事的基本技巧。因此,会讲故事是幼儿教师必须掌握的一项基本技能,也是幼儿教育职业的基本要求。

在幼儿园实际教育教学实践中,幼儿教师把故事中的情节用有声语言和态势语言进行戏剧化再现,讲述者通常脱稿,注重讲述者和听众的互动。简而言之就是幼儿教师把故事讲演给幼儿听,具有表演性。

幼儿有独特的生理和心理特征,其掌握语言较少、理解力有限、注意力难以集中和持久,加上故事展现形式主要是听觉,有转瞬即逝的特点,所以,为幼儿所讲的故事即"幼儿故事"具有以下特点:主题鲜明,内容单纯;结构紧凑,篇幅短小;情节生动,富有童趣;语言生动,符合幼儿口语[1]。

一、"讲故事"对于幼儿成长的意义

幼儿故事作为一种文学形式,在幼儿园的语言教育活动中有着举足轻重的作用。幼儿在听教师讲故事的过程中学习知识、发展语言技能、陶冶情操、培养创造力和想象力等。幼儿教师讲故事技能的程度直接关系幼儿的成长和发展,甚至影响其终身。讲故事对幼儿具有教育、审美、认识、娱乐四个方面的功能。

幼儿故事对幼儿社会化(从自然人向社会人发展)起一定作用。首先,故事为幼儿传达出基本的社会道德规范。幼儿故事所传达的社会规范内容广泛而丰富,常用动物或物体替代人的言行,这种"替代"所传达的思想品德、言行规范对幼儿有潜移默化的作用。如《小猪请客》的故事教幼儿正确使用礼貌用语"请""谢谢""再见"等,并且学会与人交往的基本礼仪;《萝卜回来了》主要反映同伴间的相互帮助和关心。其次,幼儿可从故事中获得日常的生活知识。如《不肯洗澡的小猪》就

---

[1] 王素珍.幼儿教师口语训练教程 第 2 版[M].上海:复旦大学出版社,2013.

以拟人化的方式告诉孩子要讲卫生的道理;《没有牙齿的大老虎》让幼儿明白,天天吃糖而不刷牙,牙齿会坏掉[①]。

总之,在幼儿园讲故事是寓教于乐的有效手段。幼儿故事不仅富含丰富的知识,语言标准,而且充满童趣,幼儿易于接受,有效促进幼儿成长。

二、讲故事的基本要求

(一)精心选材

适宜的故事素材是讲故事成功的前提。幼儿故事的种类,按来源可分为民间故事和创作故事;按表现形式可分为文字故事、图画故事、动画故事等;按内容可分为幼儿生活故事、历史故事、人物故事、动物故事、童话故事等。不同类型的故事各具特色,需要根据不同目的、听众有针对性地选择合适的故事素材。

1. 幼儿故事必须是"幼儿的"

幼儿对故事有天然的亲近感,从中体验到快乐。在幼儿园教育活动中,为幼儿讲故事,需要根据幼儿的生理和心理特征选择情感积极、主题突出、情节生动、适合幼儿接受和理解的故事。例如,《猜猜我有多爱你》《猴吃西瓜》等故事,情节简单又有波折,人物性格鲜明,线索清晰,内容连贯完整,适宜对幼儿进行讲述。

2. 幼儿故事必须是"文学的"

"幼儿生活有文学的需要。"幼儿故事属于儿童文学,所选择的故事要具有儿童文学的美学特质。1921 年,郭沫若在《儿童文学之管见》一文中就曾指出,"儿童文学其重感情与想象二者,大抵与诗的性质相同","儿童文学当具有秋空霁月一样的澄明,然而绝不像一张白纸。儿童文学当具有晶球宝玉一样的莹澈,然而绝不像一片玻璃。"讲故事所选择的幼儿故事,也应有这些文学特质:纯真质朴,有文学趣味。幼儿在具有文学特质的故事中不仅探知世界,体验情感,还能感受到文学的魅力。例如《蜗牛城的故事》,用拟人的手法,勾勒了一座蜗牛城的唯美情境,塑造了蜗牛姑娘的形象,故事弥漫着文学味儿;李其美的生活故

---

① 袁增欣. 幼师"讲故事"教学研究[D]. 石家庄:河北师范大学,2012.

事《鸟树》,写幼儿园的几个小朋友把一只死了的小鸟埋进土里,并在上面插上了一株葡萄枝。在孩子们的想象中:"这棵树长大了,会开出很多很多的鸟花,鸟花结成很多很多鸟果,鸟果熟了,裂开来就跳出了很多很多的小鸟……"稚拙纯真的儿童心理自然流露,这也构成了幼儿故事纯真质朴的文学之美。优秀的幼儿故事语言规范优美、生动形象,给幼儿以文学的滋养。

3. 幼儿故事必须是"童趣的"

儿童不喜欢枯燥乏味的故事,他们需要有趣的东西。幼儿故事如果充满童趣,洋溢着趣味和欢愉之美,会使幼儿更愿意接受并产生共鸣。优秀的幼儿故事往往也具有游戏性,幼儿在童趣美的欣赏中达到手、脑、口并用,在快乐的童趣美中得到熏陶。例如托尔斯泰的《大萝卜》,幼儿会从"拔萝卜,拔萝卜,哎呀,哎呀,拔不动"这种充满趣味的情境、富有节奏感的语言、终于拔出萝卜的快乐中获得愉悦;优秀的幼儿故事应该是快乐的,基调欢快明朗,叙述幽默,结局圆满。即使带有悲伤色彩的作品,情调也不是消沉的,而是美好和令人回味的。例如宫西达也的《我是霸王龙》,结局有些悲伤,霸王龙美好的感情未被小翼龙感知,好吃的东西也未得以分享,但仍会让孩子泪中带笑。

(二)加工再创作

讲故事不是照本宣科机械背稿,讲述者可以对选定故事的素材进行措辞上的改动,也可以根据需要对内容结构进行调整,因此讲故事相对于"原作"来说是一种加工再创作。幼儿故事的加工再创作是把旧的材料"蜕变"成新的故事,可以说是脱胎换骨,甚至是化腐朽为神奇的再创作行为。这个再创作的过程犹如从矿藏中找到璞玉,进行一番打磨。

对选定故事素材进行加工再创作,一定要先熟悉故事内容结构并进行分析:明确它的主题思想,人物性格,人物之间的关系,人物和事件、环境的关系;掌握作品的情节结构,明确其开端、发展、高潮、结局;分析人物性格和情感随情节变化的脉络;对故事重点和难点领会和消化。

在熟悉内容的基础上根据讲述目的、场合和听众特点,对故事素材加工再创作。对故事进行再创作,并不是将故事改得面目全非,而是在尊重故事素材基本情节的前提下,根据情况调整内容结构,润色故事细节,使情节丰满富有趣味;美化故事语言,以适合幼儿欣赏。幼儿故事具有生动性、形象性、口语化等特点。

（三）形象讲述

讲故事不是背故事,既然是"讲"就要符合口头表述的特点。语音上要做到字正腔圆,自然流畅;用词上要注意准确、生动;语法上要注意规范,多使用简单句;修辞上要注意恰如其分,形象感人。同时还要注意身体的姿势,特别是根据情节需要适当辅以身体的动作,尤其是手的动作,要做到大方自然,恰到好处。态势语的运用要依据情节需要,不能脱离故事故作姿态。巧妙使用拟声,例如《狼和小羊》的故事,狼的声音应该是粗声粗气的,透露出凶狠,而小羊的声音则是又轻又细,显出单纯、弱小。但是,讲故事不同于说评书,只要稍微改变音色,使听众区别人物就可以了。模仿自然界的风声、雨声、流水声,以及动物的叫声等,需要有特殊的发声技巧,还要符合生活经验,模拟得好可以使故事大大增色。

三、讲幼儿故事的步骤

（一）选故事

讲故事选材要注意听众年龄、经历、接受能力不同,对故事的喜好也有不同,所以一定要选择那些深浅适度、符合大多数听众欣赏水平的故事。

幼儿喜欢听故事,但是作为幼儿教师,不是什么故事都可以对幼儿讲的,选故事应遵循以下原则:

1. 要契合教育目标

要根据教育目标来选故事,选择有教育意义的故事。

2. 要有趣味性

不管是经典的老故事,还是有趣的新故事,要根据听故事的对象来选故事,选择幼儿爱听的。

（二）读故事

在讲故事前，教师要反复地读故事、理解故事，做到：

1. 熟读故事，理清故事的主要情节

例如要给幼儿讲古代神话传说《后羿射日》，教师必须要把"古时候天上有十个太阳，人们难耐高温。后羿力大无比，射掉了九个太阳，剩下现在的一个太阳，使温度适宜人们居住"这样基本的故事情节理清楚。

2. 理解故事的主题

理清故事主题，才能更好地表达出故事的教育意义。例如《后羿射日》，表达了古代人类的不屈不挠的斗争精神。

3. 把握故事中人物的主要性格特点

例如《后羿射日》及《夸父追日》中，后羿和夸父性格的共同点都是不畏困难，勇于斗争。

（三）改故事

有些故事适合阅读，但不适合直接拿来对幼儿讲述，因此，在讲之前要进行相应的改动，使之更符合幼儿故事的特点及要求。寓言故事、神话传说和民间故事不是专为幼儿创作的，因此改写时要注意以下问题：

1. 选定主题

要先确定一个幼儿能够理解的意思，围绕它进行剪裁。原作的主题如果是适合幼儿的，就不必改动，但也可以考虑换个角度改写。如《龟兔赛跑》，从兔子的角度看，是骄者必败，从乌龟的角度看，则是坚韧不拔，定能取胜。

2. 选择内容

根据幼儿年龄特点和接受能力，对内容进行适当的删减。如民间故事《宝莲灯》，其中"三圣母带着宝莲灯，私奔下凡与刘彦昌相会"的相关内容就可以删去不讲。

3.语言规范、标准、儿童化

改写时要多在语言上下功夫,把书面语变成口语,把成人语变成儿童语。主题要单一,篇幅要短小,结构要紧凑。例如安徒生童话《海的女儿》的改写,原文开头相当长,改写后是这样的:"在大海深处,有一座用珊瑚做成的宫殿,里面住着海王。海王有六个女儿,其中,最小的妹妹是她们中长得最美丽的。不过,她们都没有腿,而是长着一条像鱼一样的尾巴。"改写后,可以使故事迅速进入正题,保证了篇幅的短小和幼儿注意力的集中。

4.扩展情节

寓言故事往往篇幅短小,需要扩展。扩展故事可以从以下几个方面入手:第一,增添形象,烘托气氛,渲染主题;第二,重复情节,便于幼儿记忆;第三,设置悬念;第四,增加富于个性的语言、对话和动作。

(四)讲故事

讲故事,顾名思义,重在"讲",要在熟练掌握停连、重音、语气、语调等技巧运用的基础上,进行旁白声音和角色声音的塑造。

1.旁白声音

旁白的声音要契合故事的感情基调,营造故事的氛围。正所谓爱则气柔声徐,憎则气旺声硬,喜则气满声扬,悲则气沉声抑,怒则气粗声重,惊则气提声重。

2.角色声音

角色的声音则要注重突出角色的个性特点。聪明可爱的角色则声音轻松欢快;憨厚老实的角色则声音沉稳柔和;奸诈狡猾的角色则声音尖细高扬;凶狠残忍的角色则声粗音高。

【例】《金斧头》中的角色声音处理:

老爷爷扑通一声跳进河里,捞了一把斧头上来:"你丢的是这把吗?孩子!"程实一看,这是一把银光闪闪的银斧头,真好看,但还是摇着头说:"老爷爷,谢谢您!这把斧头也不是我的!"地主眼睛一亮,忙说:"银的也不错,最好是一把金的……"

故事中的老爷爷慈祥,程实厚道,而地主则贪婪成性,根据三个角色不同的性格特点,塑造不同的声音,就可以把人物的鲜明的个性特征展示出来。

（五）演故事

给幼儿讲故事,要想讲得动听,必须做到绘声绘色,讲演结合。讲,就是绘声,即口语表达生动;演,就是绘色,即态势语表演精彩。演故事,主要强调眼神、表情、手势、身姿等态势语的表演。

态势语的设计要抓住角色的特点及其主要特征,例如,长长鼻子的大象,笨手笨脚的小熊,挠头抓虱子的猴子,展翅高飞的雄鹰等。个性鲜明的动作,再加上眉飞色舞的表情,才能把故事演得精彩。

如上例《金斧头》中三个人物形象的态势语就明显不同。递斧头的老爷爷,面对程实时,动作缓慢,眼神慈爱;面对地主时,眼神则透出轻蔑。程实看着银斧头时,通过摇头和摆手的动作以及坦诚的眼神,表现出他的诚实和不贪财。而地主看着银斧头时,通过身体前倾,瞳孔放大,露出贪婪的眼神等态势语,表现出他的贪财狡诈。

第五节　儿歌诵读训练

儿歌来自民间,起源很早。现代意义上的儿歌是指具有民歌艺术风格、符合幼儿听赏要求、顺口易记的短小诗歌。儿歌是幼儿须臾不可缺少的精神食粮,幼儿最早接触的文学样式就是儿歌。儿歌优美的旋律、和谐的节奏、真挚的情感可以给儿童美的享受和情感熏陶,对发展幼儿的思维、想象和语言的能力具有积极的作用。儿歌在幼儿一日生活环节中的使用频率较高,这就对幼儿教师的儿歌表演技能提出了很高的要求。

一、儿歌的特点

由于儿歌将知识、道理、教训编入其中,帮助儿童增长知识、明辨是非、懂得道理,因此,儿歌具有以下几个特点:

（一）主题单一，道理浅显

一首儿歌，一般只单纯、集中地描写或讲述一件事物，简单明了地说明一个道理，使儿童在游戏中受到教育。优秀的儿歌总是充分地显示出主题的集中和单一，例如圣野的《我做的事也不少》："针掉了，我来找，地脏了，我来扫，我做的事也不少。"寥寥数语，简单朴素，告诉孩子们在生活中自己能做的事情要自己做，这样也能增强孩子们的自豪感。再如《小刺猬理发》："小刺猬，去理发。嚓嚓嚓，嚓嚓嚓。理完头发瞧瞧他，不是小刺猬，是个小娃娃。"让幼儿从小养成勤理发、讲卫生的好习惯。

（二）篇幅短小，易懂易记

幼儿的"无意注意"占主导地位，他们的注意力不能长时间集中在某一事物上，理解力、记忆力也都还较弱。为了适应这一特点，儿歌一般都比较短小，易于幼儿记忆。例如，传统儿歌《排排坐》："排排坐，吃果果，你一个，我一个，妹妹睡了留一个。"整首儿歌仅用了19个字，就展示出了小朋友们分果、吃果，团结友爱的活动过程，篇幅短小，易懂易记。

（三）节奏感强，易诵易唱

幼儿期是一个人语言发展的关键时期。从小培养幼儿的语言能力，儿歌是不可缺少的教育手段，通过诵读儿歌可以促进幼儿的语言发展。孩子天生喜欢唱歌，他们对音乐性强的韵律特别喜爱，所以对儿歌的要求就是读起来必须朗朗上口，易诵易唱，才便于幼儿学习。

儿歌表演并不是简单地把儿歌背出来，再加上一定的动作就可以了，而是要注意多种技法的综合运用，才能使儿歌表演富有表现力和感染力，才能真正吸引孩子们的注意力。能进行儿歌表演，是每个幼儿教师必备的一项基本技能。

二、儿歌表演的基本要求

（1）选择富有童真、童趣的儿歌，符合幼儿的年龄特点和审美需求。
（2）普通话语音标准，自然流畅，音色甜美，声音适中。

（3）发音位置稍靠前，声音比平时稍高，音色甜美。
（4）富有节奏感，轻快活泼，体现儿歌的音韵美。
（5）语气、语调的变化符合儿歌的内容和情节。
（6）表情丰富，身姿语、手势语自然大方，表现力强。

三、儿歌诵读的专项训练

（一）语音

在儿歌表演中，应该注意普通话的基本要求：声母、韵母、声调必须到位；要注意普通话中的音变现象，比如"一""不"的变调和上声的变调，轻声、儿化的读法，"啊"的音变；词语的轻重格式；重音、停连对内容的突出，形成和谐的层次；尤其值得注意的是，语速要根据孩子的年龄段来决定其快慢，小班的语速要比中大班的慢一些。

（二）节奏

儿歌的语言特别富有音乐性，主要表现在口语化、节奏和押韵上，而节奏又是儿歌的灵魂，因此，儿歌表演中节奏的把握和体现就显得尤为重要。

节奏又叫节拍或音顿。它指每句音组的长短和多少要有一定的规律，在吟诵诗句时，是由极短暂的停顿来表现的。一般说来，三言儿歌、四言儿歌为两个音顿，五言儿歌为三个音顿，六言儿歌、七言儿歌为四个音顿。另外，还有一些不规则的杂言，则要根据其内容来体现儿歌的节奏。

三言的节奏是：×× × 或 × ××，以《小蝌蚪去春游》为例：

　　桃花水，×× ×
　　轻轻流。×× ×
　　小蝌蚪，× ××
　　扭啊扭，× ××
　　东看看，× ××
　　西瞅瞅，× ××
　　排着队，×× ×
　　去春游。× ××

四言的节奏是：×× ××,还有五言、六言、七言和杂言。杂言,顾名思义就是长短不整齐的句子构筑的儿歌,每一句的读法要按照具体所属的几言节奏表演出来。另外,在儿歌表演中,我们还要注意把握诗歌的感情基调。要注意紧张型(急促紧张)、轻快型(活泼欢快)、高亢型(昂扬急进)、低沉型(低缓沉重)和舒缓型(轻柔舒展)的具体体现。每首儿歌都应该根据儿歌的内容和情节,确定好它的感情基调,处理好节奏的类型。

(三)语气、语调

儿歌看似很短小,但在儿歌表演中,照样要体现出语气和语调的变化,这样才能使儿歌听起来抑扬顿挫、音韵和谐。语气是通过语调表露出来的,语气的千变万化,决定了语调的丰富多彩。儿歌表演中,要抓住儿歌的情感基调,把握具体语句中的喜怒哀乐,要注意其感情色彩和分量,显示出是非、爱憎的区别。语气外在的快慢、高低、虚实、强弱的声音形成,由气息状态决定,要注意情、气、声三者的结合:有什么样的感情,就产生什么样的气息,有什么样的气息,就有什么样的声音状态。语调的主要类型有升调、降调、平调和曲折调,但在语调的处理上不是固定刻板的,应该根据具体的语言内容和感情来灵活运用。儿歌表演时的声音位置稍靠前,比平时稍高,略微夸张一些。

(四)体态语

体态语中身姿语、表情语、目光语和手势语的运用在前面已有详细介绍,这里说说在为儿歌设计体态语时要注意的问题。

第一,身姿语方面要注意身体的基本姿态,脚呈小八字站立,可根据儿歌表演的需要适当地前后左右移动位置,不做动作时双手自然下垂。第二,手势语的设计没有固定的模式,要在觉得适合表演的地方才设计,而且并不需要每一句都加动作,重复性的动作也不宜过多,设计的手势要符合幼儿的审美情趣,表演时要稍微夸张一些。第三,表情的基本要求是微笑,要显得可爱,在为儿歌设计表情语和目光语时,要跟随儿歌内容和情节的变化而富有变化。

第六节　看图讲述

一、什么是看图讲述

看图讲述是描述者观察图片时或观察后立即进行描述的表达方式。看图讲述要求准确、细致、全面地再现观察对象的基本特征。看图（包括图片、绘本、漫画、连环画、模型等）描述属于观察性描述。

图画故事大部分是由文字和图画构成的，甚至有些是无字书。近年来图画故事深受儿童喜爱。描述是用形象、生动的语言，具体、细致地描绘人、事、物、景等具体事物的形态特征，或再现某种场景的一种口语表达方式。描述具有生动性、直观性、审美性等特征。

例如，峻青的《第一场雪》中的雪景描述："好大的雪啊！那山川、河流、树木、房屋，全都罩上了一层厚厚的雪，万里江山，变成了粉妆玉砌的世界。落光了叶子的柳树上挂满了毛茸茸亮晶晶的银条儿；而那些冬夏常青的松树和柏树上，则挂满了蓬松松沉甸甸的雪球儿。一阵风吹来，树枝轻轻地摇晃，美丽的银条儿和雪球儿簌簌地落下来，玉屑似的雪末儿随风飘扬，映着清晨的阳光，显出一道道五光十色的彩虹。"

二、看图讲述的要求

看图讲述的形式多种多样、不拘一格，但不管采用何种方式和何种素材，都必须结合图片和幼儿实际，为全课的教学目的和教学重点服务，遵循教育学、心理学的原理和方法，切忌重知轻能、冗长拖沓、平淡刻板、牵强附会、老套无趣。

（一）趣味性

生动形象、灵活多变、富有变化的导入语能激起幼儿学习的兴趣和求知欲，为幼儿的整体与长远发展打下坚实的基础。

（二）鼓动性

恰当使用比喻、拟人、夸张、对比等修辞手法,运用声音技巧,力求鲜明生动,富有感染力。能调动幼儿的课堂情绪,进而促进幼儿向学习主体地位的转变。

（三）启发性

能够促发幼儿勤于动脑、乐于探索的精神,同时逐步培养幼儿的创造性和发散性思维能力。

（四）情感性

抓住特征,突出重要细节,表达人物情感,渲染环境气氛,绘声绘色绘形,以声传神,能起到缩小师幼间心理距离的作用。

（五）简洁性

导入时间不要过长,否则会冲淡教学主题,造成喧宾夺主的后果。内容要真实,使人信服。不要求面面俱到,但要详略得当。

（六）创造性

在幼儿园教学过程中,教师可以从幼儿的角度出发设计多种形式新颖的看图讲述素材。

三、看图讲述的步骤

对图画故事的讲述可以通过三个步骤完成:第一步欣赏图画故事,即把图画和文字结合起来仔细品味,把握其主旨;第二步朗读图画故事,即讲述时以朗诵为主,忠实原著,不影响幼儿对图画和文字的理解;第三步复述图画故事,即看图以讲演故事的形式复述故事。

[训练]找一幅画,边观察边进行描述,注意描述的顺序。

描述训练应遵循先易后难的原则,可先练习说直观的感受,再练习说更为细致一些的内容,最后还可说自己的感受、想法等。

四、看图讲述的技巧

图片故事对幼儿来说有一种特殊的魅力,以此法导入课程,幼儿的兴趣很浓,注意力会高度集中。教师在课堂中如果能根据幼儿的这一特点,采用图片故事导入课程,无疑会起到事半功倍的效果。例如,在科学活动"黄豆宝宝变魔术"活动中,教师先给幼儿看各种豆产品的图片,让幼儿知道豆芽、豆腐、酱油、轮胎都是用黄豆做成的,从而引起幼儿进一步探究的兴趣。

(一)认真观察,抓住特征

看图讲述要求准确、细致、全面地再现观察对象的基本特征。

图片导入法是教师在导入过程中使用的根据教学内容查阅或制作的相关图片、插图的方法。该方法具有新鲜感,能够引发幼儿的注意与兴趣,既锻炼了教师的综合能力,又达到了寓教于乐的目的。充分发挥图片的作用,以此导入新课,会收到良好的效果。例如,在科学活动"家用电器用处大"中,教师先出示各种电器的图片,让幼儿观察并快速说出名称,再猜一猜这样电器能帮助我们做什么事情。

图片能增强教学的直观性和形象性。授课之前,出示与课堂内容有关的图片,导入自然,有利于创设教学情境,便于幼儿理解。

(二)语言兼具概括性、逻辑性和精巧性

1. 语言的概括性

看图讲述虽是教学的重要环节,但不是教学的主体,因此语言要具有高度概括性。语言设计做到简洁、明白、易懂,抓住教学要点、重点,言简意赅地进行表述。同时,为了吸引幼儿的注意,导入语也要精雕细琢,力求精辟、朴实、富含韵味。

2. 语言的逻辑性

讲述语言的设计,无论是在构思内容、形式上还是在语言风格上都应富有逻辑性。话题要集中、层次要清楚、衔接要得当,语言表达连贯周密,语意畅达,做到言之有理、言之有据、言之有序,富有逻辑性。

3.语言的精巧性

看图讲述的精巧性表现在,根据不同教学内容、不同的素材、不同的授课时间和地点,教师设计的讲述语言应具有新思想、新创意、新形式,做到语言的多样性。导入语要精练、富有时代特色,讲解要生动形象,内容要精当。只有这样,才有新鲜感,才能激发幼儿的学习兴趣。

(三)添枝加叶,使其生动有趣

生动性和趣味性是图片故事的情节特征。由于幼儿的注意力容易分散和转移,平淡无奇的情节难以吸引他们,所以需要用"添枝加叶"的方法丰富故事情节,使其生动形象、新奇有趣,从而形成故事的"亮点""高潮"和"悬念",吸引幼儿注意。

第四章 幼儿教师教学口语训练研究

教学口语是教师在幼儿园集体教学活动中使用的工作语言。教师通过教学口语指导,鼓励幼儿学习,引导幼儿探索、发现和表达,促进幼儿的学习与发展。因此,幼儿教师必须能灵活运用教学口语。

第一节 教学口语概述

一、幼儿教师教学口语的内涵

幼儿教师教学口语是教师为了达到教育教学目标,组织幼儿进行教学活动时使用的语言。

教学口语是教师指导和鼓励幼儿学习、引导幼儿探索和表达的最重要的手段,也是教师传递知识技能,表达情绪情感的手段。教学口语体现着教师的教学素养和教学水平。正如苏联教育家苏霍姆林斯基所说:"教师的语言修养在极大程度上决定着学生在课堂上的智力劳动效果。"名师的课堂教学之所以令人拍案叫绝,其中很大的一个原因是他们的语言表达充满了神奇的魅力,他们的语言在平实中蕴涵道理,用浅显诠释深奥。而作为幼儿教师,也应该依据不同年龄孩子的身心特点,合理调整使用教学口语,努力使自己的教学语言被幼儿喜爱和接受,吸引幼儿的注意,激发幼儿的学习兴趣和探索的欲望。

二、幼儿教师教学口语的特点

(一)启发性

幼儿集体教学活动注重引导幼儿在探索中发现、学习,在游戏中归纳、总结,所以在有效的教学活动中,幼儿获得的经验不只是通过教师的口头传授而来,而且是要经过自己总结、探索和发现得来的。幼儿是教学活动的主体,教师只是引导者。幼儿教师教学口语要引导幼儿去发现和探索,启迪幼儿去归纳和总结。

(二)科学性

教学口语要科学规范,用语准确,逻辑严密。虽然幼儿年龄小,不可能理解太深奥的原理,但是教师依然要用孩子能够理解的语言,帮助幼儿去解读生活中的万象,去剖析事情的原委。

教学口语的科学原则表现为规范性、逻辑性、针对性;艺术原则表现为形象性、启发性、情感性、趣味性。

1. 规范性

规范性是指教学口语应当遵守国家的规定,在语音、词汇和语法等方面符合全国通用的普通话的规范要求。2001年1月1日起施行的《中华人民共和国国家通用语言文字法》第十条规定:"学校及其他教育机构以普通话和规范汉字为基本的教育教学用语用字。"

科学实验证明,幼儿期是语言发展的关键期,这一时期幼儿语音的模仿能力强,词汇量增加速度快,口语理解和表达能力发展迅速,而且大部分是通过自然观察和模仿而得来的,因此教师的语言是幼儿有声语言的楷模。幼儿教师良好的语言能力对幼儿语言发展起到积极的促进作用;反之,则可能产生消极的影响。例如:教师在教学活动中坚持说普通话有利于幼儿学习普通话,养成用普通话回答教师问题的习惯。如果在生活中经常使用方言,可能会降低幼儿学习普通话的热情;教师经常读错字音,说话语病较多,会对幼儿产生消极的影响。

2. 逻辑性

逻辑性是指教学口语符合事物的客观规律,根据思维的逻辑,恰当地使用概念,正确地进行判断,严密地进行推理。用精确的词汇表达知识的内涵,用言简意赅的语句表达丰富的内容,用层次分明的语序表达明确的目的。

(1)教学思路清晰

教学思路的清晰取决于教师对教学活动的设计是否做了充分必要

的准备,是否对活动目标、幼儿经验知识准备做到心中有数。对教学内容、指向和过程都有了清楚的认识,教学口语就能按照既定的方向导入活动内容,才会使环节与层次分明,不至于思路凌乱,不知所云。

(2)教学线索缜密

在教学活动中,以知识的由浅入深、幼儿思维发展的由简单到复杂为教学线索安排好教学过程,各环节之间要具有紧密内在的逻辑联系,才会衔接紧凑,缜密严谨。

(3)安排好教学环节结构

在段与段之间转换、一个内容向另一个内容过渡时,有意地总结一下再引出下文,可以使教学口语更加严密。

(4)讲解要简洁、精确

在讲解时,首先要明快简洁,多选用口语化的词语,不用艰深晦涩的词语,词语没有言外之意,不使用词的比喻意、象征意;多用短句,不用或少用关联词语和修饰限制性词语。其次要通俗精确,准确把握知识的内在结构;抓住关键词和要点。

(5)句子完整,句意贯通

不完整的句子让幼儿听不明白,缺少主语、谓语或宾语的句子可能会造成幼儿理解困难。上下句之间,几个相连的句子之间,要有语义上的衔接,形成一个有一定中心的句群。如果没有语意的贯通,就会让幼儿感到困惑,抓不住重点。

幼儿的逻辑思维尚处在发展阶段,他们的理解和判断能力有限,因此,教师在使用语言时,注意内容的科学性和表述的逻辑性,有利于幼儿掌握正确的信息,理解教师的指导性语言,促进幼儿逻辑思维的发展。

3. 针对性

针对性就是应根据不同的活动环境、不同年龄或水平的幼儿运用不同的语言。

因材施教是教学的重要原则之一,它要求教师在教学过程中从幼儿实际出发,根据不同阶段的具体情况,采用不同的方法,进行不同的教育,使每个孩子都能在各自原有的基础上得到充分发展。教学口语也必须遵守这一原则。

幼儿的年龄不同,他们的思维能力、知识水平、对语言的领会和接受水平有很大差别,所以在小班、中班、大班的幼儿学习活动中,教师应针对性地选择恰当的教学口语。

(1)小班(3～4岁)幼儿的教学口语

小班幼儿神经系统的发育还很不完善,他们知识经验少,理解能力差,所掌握的词汇有限,思维处于具体形象阶段的初期,因此,教师在对小班幼儿说话时应抓住具体、形象这两个关键,要做到以下方面:

第一,词语简单易懂,多用单句、短句。

对小班幼儿说话时,所用词语应简单易懂,有时需多用叠音词,如高高的、圆圆的、大大的、红红的;句子多为简单的短句。在向幼儿提问时,要问得非常具体,答案最好是一句话,最多不要超过两句话,其备选答案也要单一。

第二,表扬或批评内容具体,有情感色彩。

小班幼儿的情感非常容易受暗示,教师的情绪、情感在很大程度上影响着幼儿,幼儿也会根据教师的情绪反应来判断自己行为的正确与否,因此教师在表扬或批评幼儿时要加进自己的情感色彩,语言要具体,便于幼儿理解。

第三,使用肢体语,语气稍夸张。

小班教师在讲故事的时候,要有较丰富的肢体语(当然不能过多)。恰当的肢体语可以辅助教师的口语表达,也可以帮助幼儿加深理解教师所说的内容。比如:讲故事"两只笨狗熊",在讲到狐狸出坏主意的时候,教师的眼睛要有"滴溜儿一转"的动作;在讲到"今天的天气真冷呀"时,教师不仅要在"真"字处适当拉长音,还要手抱双肩,做出寒气袭来缩紧全身的样子。

第四,语言拟人化。

小班教师的语言拟人化成分较多,这与这一阶段幼儿具有"泛灵"特点有关。

第五,语速慢,多重复。

小班教师在说话的时候,语速要稍慢,语调要柔和,且重复的次数稍多,以便与小班幼儿接受能力较差相适应。

(2)中班(4～5岁)幼儿的教学口语

中班幼儿的思维仍处于形象思维阶段,教师的语言仍然离不开具体、形象的特点。但是,他们毕竟比小班幼儿有进步,主要表现为知识、经验丰富了一些,语言的接受能力和表达能力都有所增强。和小班教师相比,中班教师的话语有如下三方面的变化:

第一,句式多样化,语言表达的内容更丰富。

由于幼儿认知能力的提高,教师表达时的自由度加大了,不仅使用单句,而且可以使用简单复句句式,用词也多样化,语言表达的内容随之更丰富。

第二,提问的内容稍宽泛,答案有多种。

因为中班幼儿思维能力比小班有所提高,所以中班教师在提问时就没有必要像小班教师那样提答案单一的问题,而可以提备选答案有多种可能的问题,以启发幼儿在回答问题时从多种角度进行思考。

第三,语言重复次数减少。

中班教师在给幼儿布置某项任务或提出某项要求时,不必像小班教师那样反复叮嘱,只须说一两遍就可以了。

(3)大班(5～6岁)幼儿的教学口语

大班幼儿的思维水平虽然还处在形象思维阶段,但是由于神经系统的发育已趋于完善,他们已有了初步的抽象思维,与此相对应,教师的话语有如下三个特点:

第一,语言中出现一些表示类别概念的词。

大班幼儿对事物的类别有了初步认识,这时教师要教他们一些表示类别概念的词,如家禽、家畜、交通工具、塑料制品等。

第二,复句增加。

大班幼儿对事物及其关系有了进一步理解,教师在口语表达中可增加复句的数量及难度。

第三,语言更简洁。

教师在小班需要说得较具体的话,在大班可说得较概括、简洁。

4. 形象性

教师口语的形象性是指教师善于创造直观形象,唤起幼儿对具体事物的真切感知。幼儿的思维方式以形象思维为主,他们更容易理解和接受直观、生动、具体的教育影响,需要借助形象来认识事物。因此,幼儿教师的教学口语必须具有形象性。在学习活动中,教学口语是引导幼儿思维活动的主要外因。形象性语言可以激发幼儿积极的联想和想象活动,诱发幼儿参与学习活动的兴趣。

(1)描述具体细致

在幼儿学习活动中,教师应该注意选用能够描述出事物外型的大小、形状、颜色,事情发展的经过、原因、结果,人物形象的表情、动作、语言、心理活动等的具体细致的语言。

(2)运用多种修辞手法

修辞能够从某种角度反映客观事情的属性、联系及其发展规律。教学口语中灵活、恰当地运用修辞手法,可以将呆板变为活灵活现,将深奥变为简易生动,能够调动幼儿的注意、想象、联想、情感等心理活动。

教学口语运用的修辞手法有比喻、拟人、夸张、对比、引用等。教师在教学中应适当运用修辞方法。

(3)运用拟声词、摹色词、叠音词

用这些词语有色、有声、有形,收到栩栩如生的效果。

(4)语言有动态感

幼儿的天性是活泼好动的,根据这一心理特点,教学活动中要多用动态词语。

在教学过程中,老师要运用动态词语并配合眼部动作和体态语动作,吸引幼儿们的注意力。

优秀教师的语言魅力就在于能够化复杂为简单,化抽象为具体,化平淡为神奇,激发幼儿的学习兴趣,引起他们的注意力,调动他们的各种感官去联想、想象、回忆,产生如临其境、如闻其声、如睹其色、如见其人的感觉。

5. 趣味性

趣味性是指教学口语能够契合并调动幼儿的兴趣,把幼儿潜在的学习积极性充分调动起来,使他们愉快、自觉、主动地学习。

(1)语言内容的趣味性

第一,幼儿的认知思维是一种以自我为中心的思维,他们总是生活在现实和幻想交叉的两个世界中,所以幼儿在活动过程中,极容易沉浸到教师所创设的情境中去。

第二,幼儿的自我中心思维导致幼儿的泛灵观念,即将世上万事万物都看作有生命的、有情感的东西,教师应当根据幼儿认知心理的这一特点,借助幻想、夸张、拟人等艺术表现手法,增强教学口语的表达效果。

第三,游戏是幼儿的天性,幼儿通过游戏来学习社会的知识,通过游戏来体验生活。如果把教学活动变为游戏活动,教学口语充满游戏的乐趣,幼儿就会乐于参与活动。

（2）表现形式的趣味化

第一，情绪投入。教师应情绪饱满，作为活动的参与者和幼儿一起分享喜悦、分享乐趣，兴致勃勃地和幼儿去探索、去发现。

第二，神态逼真。教师的面部表情、肢体语动作应和说话的内容相吻合，有时是亲切，有时是询问，有时是怀疑，有时是悲哀。面部表情丰富，能以眼神吸引幼儿，并以手势辅助说话，就会使语言像蜜一样"黏"住幼儿。

（三）艺术性

教学口语注重语言的美感，强调表达过程中语调、节奏、音色的变化。幼儿教师要努力把复杂的事情、深奥的道理表述得简单易懂、生动有趣，娓娓动听。生动有趣的描述，充满神秘感的提问，亲切而深情的启发，能够激发幼儿身临其境地想象美好的画面，体会生活的乐趣，感受人间的真情，在美的享受中不知不觉地走进知识的殿堂。

（四）教育性

教学口语承载着知识传递、情感熏陶、习惯养成、能力培养等教育任务。在传达知识信息的同时，要能够激发幼儿的情感体验，诱导幼儿的求知欲望，培育幼儿的道德观念。因此，幼儿园集体教学的三大任务——知识技能、情绪情感、社会交往的教育目标的实现，与教学口语的运用是密不可分的。

三、教学口语的作用

幼儿的学习活动是在教师组织下进行的有目的的活动，教师要设计教学活动，引导幼儿主动学习，促进幼儿素质的全面提高和个性的充分发展。教学口语是教师教育思想、知识水平、性格气质的综合体现，是教师教学原则、教学水平、教学思路的具体表现。

教学口语是完成幼儿语言教育活动的重要途径。在语言教育活动中，教师不仅以指导者和帮助者的角色与幼儿互动，还要通过教学口语的一些重要途径对幼儿的学习活动发生直接的作用。

（一）讲述

讲述是教师通过语言向幼儿说明活动内容、游戏规则，或者将文学作品内容介绍给幼儿时常用的方法，是教师组织语言活动时最基本的表达方式，是教师语言在语言教育中的主要体现。讲述的特点是，充分发挥教师的主导作用，使幼儿在较短的时间内理解教师的要求、活动的规则等。因此，讲述语言运用得恰当与否直接关系到语言教育活动的效果。

（二）朗诵

朗诵是将视觉性的书面语言转化为听觉性的有声语言的过程，这是文学活动中教师常用的一种重要形式。朗诵可以帮助幼儿加深理解、强化记忆、培养语感等，是一种不可忽视、无法代替的教师语言。幼儿教师在朗诵文学作品时，应注意以下两点：

第一，教师应当注意根据作品类型选用适当的方式朗读作品。童话一般具有浪漫的色彩，朗诵的语音语调可适当夸张；故事是陈述性的，朗诵时应适当转换语言风格，使之通顺流畅；儿歌、儿童诗有韵律，朗诵时要音节整齐响亮，突出表现语言的音乐美；散文朗读时要注意抒情语言与叙事语言的结合与转换。

第二，教师在朗读文学作品时，除注意作品体裁、内容等特点要求外，还应考虑作品的情感基调。每一部作品都有各自内在的情感基调，这种情感基调由作品内容、作家风格所决定。欢快的情感基调应当用愉快喜悦的语音语调；深沉的情感基调应当用平静舒缓的语音语调。把握了这些情感基调之后，才能准确地传达文学作品的思想感情，并以此来影响幼儿对文学作品的理解。

（三）提问

提问是教师根据活动内容提出问题，促使幼儿想象和思考，以加深理解所学内容的一种主要教学方法。提问具有激发思维、集中注意和反馈教学效果的功能。在语言教育活动中，教师提问的水平对幼儿理解活动要求和内容、有效参与活动过程具有重要的作用。如何提出问题以及提什么问题，是幼儿园语言教育教学改革的一个重点。当代教育提倡教师学习借鉴中外教育理论和方法,使提问更科学、更有效。具体有究因性提问、假设性提问、归类性提问、逻辑性提问。

无论以何种形式进行提问都需注意,提出的问题要明确,要适合幼儿的水平,难度、深度都不宜过大,一次提出问题的数量也不宜过多,同时要有启发性。

(四)建议

这种方法常为教师在组织指导语言教育活动中所用,主要用来点拨幼儿的思路,开拓幼儿的想象,帮助其选择适当的行为,以及提高幼儿的使用语言的能力。在语言教育活动中,教师的建议可以用不同的方式提出。

直接建议,即由教师直接向幼儿提出建议,请幼儿按教师的要求去做。比如,建议幼儿选择某一角色去表演故事,或选择某一结局方式将故事编完等。教师要用商量的口吻与幼儿讲话,如:"你看这样好不好?""你们看行吗?"

间接建议,即由教师间接地向幼儿提出建议,让幼儿朝教师的指向努力。语言教育活动中的间接建议有两种。一种是教师用旁敲侧击的方式提建议。比如,用自言自语的话提醒幼儿:"这里还有两只手指玩偶,可以编出一个有趣的故事,谁会选择它们呢?"这实际上就是建议身边的幼儿选用它们。另一种间接建议通过模拟假设作品中人物角色,或者是中介角色的心理活动来提出。

(五)示范

示范比较多地运用于各种内容的活动之中,例如:指导幼儿仿编一首诗,教师在帮助幼儿理解诗歌内容的基础上,要求幼儿按照这首诗的结构仿编一首新诗歌,教师首先自己按照这首诗的结构形式创作出新诗歌,给幼儿提供模仿的思路和语言范例,再引导幼儿运用和掌握仿编的方法。以培养幼儿对文学的感知理解能力和语言应用能力。

(六)评价

评价指教师在活动过程中对幼儿的语言行为表现作出一定的评判。在语言教育活动的具体过程中,教师的评价往往出现于活动进行和活动结束时。前者往往是简短的即兴式的,以一两句话对幼儿的行为做出反应,如"很好""真能干"或"想一想,还有没有更好的说法""还可以比这说得更清楚些"等。后者是在活动结束时的综合评价,往往是针对整个活动过程的比较全面的总结。

总之,教学口语在幼儿学习活动中不可忽视。事实证明,新的教育观念,好的教学设计,只有依靠教师教学口语才能在幼儿教育过程中得以落实。所以,幼儿教师都应在教育活动中提高个人教学口语的水平。

第二节　教学口语的分类训练

一、谈话用语的类型和技巧训练

谈话是在一定范围内运用语言与他人进行交流的活动。谈话是一种普通而又复杂的语言现象。人们怎样开始一场谈话?如何设法延续与别人的谈话?谈话参与者怎样更好地交流思想感情而使双方都感到满意?从语言应用的角度分析谈话现象,无论是有计划有准备的谈话,还是随意性偶发的谈话,都有其潜在的、特定的语言生成规律。这种规律是由一系列语言应用的方法要素构成的。

(一)谈话的传递

谈话的传递要素,是生成谈话的最重要的语言应用基础。当人们要进行交谈时,必须通过语言来向谈话的对方或其他参与者传递信息。在谈话的开始、谈话的过程中、谈话结束时,都有一系列的策略来影响决定谈话的传递。

谈话参与者需要在相互之间引起注意,这是谈话得以开始、进展和延续的基本条件。即便是很小的婴儿,也在与最初的交往者——父母的"说话"中学习打开交谈的渠道。比如,婴儿在还不能说完整语句之前,便会用叫"妈妈"的方法来引起母亲的注意,而母亲往往回答"哎!宝宝,怎么啦"这样便引导谈话得以进行。

假定一幼儿说"我喜欢吃一种音乐糖",另一幼儿说"什么糖?音乐糖啊",当第一位幼儿继续说"会发出音乐声音的糖"时,谈话就在双方理解的状态下得以继续了。由此可见,谈话者之间信息的正确传递十分重要。

(二)谈话的应答和轮流

为保证谈话的正常进行,参与谈话者必须对别人所说的话给予应答,同时采用轮流的方式去发展谈话。在谈话时,应答是属于听的一方所要运用的策略方法,人们常常用语言和非语言的方式做出应答,比如听者可以边听边说"哦,是的"或"噢?是这样吗"或"后来呢""你怎样认为呢"等;也可以仅用点头、摇头的方式给说话的一方以信息反馈。从说话者的情感态度出发,应答也往往有积极应答和消极应答之分,当谈话内容或说话者本人对听者有强烈吸引力时,听者的应答可能是热烈的,反馈信息也是积极的,可以激励说话者继续下去;反之,则可能是消极的。

(三)谈话的导向

谈话意味着在一定范围内传递信息和与交往者的相互交流,因而就需要建立一种导向,来确定交谈者交流信息的方向,保证谈话传递信息的效率。谈话的导向,可以帮助说话者引起对心中原有储存的概念的敏感性,将谈话的信息串联起来形成对固定的事件或其他事件的认识。同时,谈话的导向可以帮助谈话者之间建立联系,分享他们共有的经验,从而使谈话顺利延续下去。

根据谈话的类型划分为交谈语和谈话活动用语。

1. 交谈语

交谈语是教师与幼儿之间互通信息、交流感情,以达到相互沟通、促进了解的一种口语形式,包括集体交谈和个别交谈两种方式。集体交谈是教师与全班或小组围绕某个话题展开的语言交流。个别交流是教师与幼儿进行的一种有针对性或随机性的语言交谈。还有一种交谈形式是幼儿与幼儿同伴之间围绕感兴趣的话题进行的一种言语沟通与交流。

使用交谈语教师应做到以下五点。

（1）拥有童心

拥有一颗"童心"，把自己也变成孩子，走进他们的世界，和他们融成一片。因此，老师要作为幼儿的同伴出现，蹲下身子和幼儿说话。要充满爱心，摆脱成人的说话语气，抛开"大人""教师"的身份，让幼儿感到是在随意、自然地与老师聊天。教师与幼儿交谈，要体会幼儿的想法，走进幼儿的内心，多与幼儿进行良好的沟通，让自己成为幼儿喜欢的谈话对象。

（2）注意幼儿的反应和态度，体会幼儿的感受

教师以幼儿的兴趣为交流的出发点，在跟幼儿说话时，教师常常会急着表达自己的指令和意见，希望孩子们乖乖地照自己的话做，最好不要有其他意见。所以，往往会打断幼儿的话，没有细心地把幼儿的话听完，忽略了幼儿的反应。教师在言语中应该表达出对幼儿发自内心的关注和兴趣，主动向幼儿发起话题，如"你能告诉我假期怎样过的吗？""哦，听起来很有趣，后来怎样了呢？"

（3）了解幼儿的发展程度，充实幼儿的知识经验

明白每个幼儿的发展程度相当重要，如果教师总是说一些幼儿无法理解的话，幼儿就会失去继续交谈下去的意愿，师幼之间的对话也就无法继续。要畅通与幼儿之间的沟通渠道，就要不断地丰富幼儿的知识经验，让幼儿能说、会说、有话可说。

（4）认真回答幼儿的问话

创设良好的言语环境，教师热心、接纳、尊重、理解幼儿是前提。这样，幼儿的自我意识能够得到发展，自我价值得以体现。幼儿提出问题时，即使再幼稚可笑也不能讥笑幼儿的无知，应先了解其问题的真正含意，针对幼儿的需要做出认真的回答。例如，幼儿问："老师，您想不想听一首咱没学过的歌曲？"这个问题的真正含义就是："老师，我想给您唱一首我刚学会的歌曲"。假如老师知道幼儿的真正目的，就可以回答："想啊，你能给我唱一首吗？"幼儿听了一定会很高兴。此外，对于幼儿提出的知识性问题，教师要慎重回答，或带着幼儿一起寻找答案。这样，幼儿以后不管遇到什么问题，都会主动与老师讨论，这就大大增加了老师随机教育的机会。

（5）要经常变换新鲜的话题，引起幼儿的兴趣

教师要充分利用日常生活中的机会与幼儿交谈，进餐、如厕、穿衣、候车、排队都是教师与幼儿交流的良好契机。比如，教师每天的晨间接

待,是与幼儿谈话交流,提高幼儿语言运用能力的最佳时机。例如:"今天是谁送你来幼儿园的呢?""是妈妈送我来的。""你喜欢上幼儿园吗?""喜欢。""为什么呢?""今天天气冷,你多穿衣服了吗?""昨天回家后,妈妈给你讲故事没有?"……这样的师生之间的谈话交流,话题内容丰富多样,师幼关系都比较放松,有交流的气氛。

交谈有以下两个特点:

第一,话题灵活、丰富。

交谈是教师与幼儿在平等、自由、无拘无束的氛围中进行的,话题非常灵活、丰富,而且随着双方交谈的思路可以不断地变换话题。日常交谈是一种多方位的语言交流,教师和众多幼儿的参与,不仅带来了个体间丰富多彩的生活经验与感受,使每个幼儿获取的信息量增大,内容更加丰富,幼儿表述形式也多种多样。同时,幼儿与教师、幼儿与幼儿之间的交谈,使语言的交流方式也丰富多样。

第二,气氛和谐、宽松。

新《课标》明确要求创设一个自由、宽松的语言交往环境,支持、鼓励、吸引幼儿与教师、同伴或其他人进行交谈,体验语言交流的乐趣。交谈气氛和谐宽松主要体现在两个方面:一是交谈中不要要求幼儿统一答案和有一致的思路,幼儿可以根据自己的感受自由地发表见解,围绕话题说自己想说的话;二是不特别要求幼儿使用规范化的语言,不一定要求幼儿使用准确无误的句式和完整连贯的语段。实际上,日常交谈重在给幼儿提供说的机会,让幼儿在一种自然、轻松的交流氛围中操练语言,提高对语言的敏感程度,从而使幼儿的思维更活跃,表述内容更丰富,语言表达更流畅。

交谈是教师与幼儿之间的"双向沟通",任何一方缺少沟通的意愿,交谈都无法进行。

2. 谈话活动用语

谈话活动是向幼儿进行语言教育的特殊方式,它根据一定的语言教育理论、一定的语言教育目标和内容,将部分语言集体活动的任务付诸实践,对幼儿的语言发展产生重要影响,因此谈话活动具有其他的语言活动所不能代替的作用。

(1)谈话内容有一定的新鲜感

在谈话活动中,使幼儿感兴趣的常常是具有一定新鲜感、新颖的内容,曾经反复提起的话题幼儿就不会感兴趣。这里,如何选择话题就是幼儿教师谈话技巧的内容。

（2）幼儿对中心话题有一定的经验基础

完全陌生的话题不可能使幼儿产生谈话的兴趣,如果幼儿对话题具有一定的经验基础,就会引发他们浓厚的兴趣,积极参与其中,有许多话要讲。

（3）有趣的话题与幼儿的共同关心点有关

一定的时间内幼儿可能会对某一问题特别关注,如新近播放的卡通片,发生在幼儿身边的特殊事件,或某一节日等,都能够使幼儿产生交流和分享的愿望,可以成为有趣的中心话题。教师要善于捕捉和分析这些话题。

（4）谈话活动具有宽松的氛围、自由交流的语境

谈话活动宽松、自由的氛围,主要是靠教师有意识的创设,教师可以不要求幼儿统一认识,不特别强调规范化的语言。教师积极营造一种宽松的氛围,让幼儿感到轻松、自然,不由自主地参与交谈,大胆发表自己的看法,积极说话。

自由交流的语境,引导者也在教师。不过,此时教师的指导作用以间接的方式出现,教师常常改变自己的角色,以幼儿同伴的身份出现,参与谈话,给幼儿以平等、自由的感觉。教师的引导作用往往是用提问的方式引出话题或转移话题,引导幼儿谈话的思路；也可以用平行谈话的方式对幼儿做隐性示范。教师应鼓励每位幼儿积极参与谈话,真正形成双向或多向交流,充分调动幼儿的兴趣,增强幼儿谈话的积极性。

二、活动环节用语的表达形式和技巧训练

活动环节指导用语主要有导入语、讲解语、提问语、过渡语、疏导语、应变语、结束语。下面分别进行介绍。

（一）导入语

导入语是活动开始时教师为吸引幼儿注意力,引出活动的内容而使用的语言。导入语的使用,是为了引出活动的内容,引起幼儿学习的浓厚兴趣,激发幼儿积极的思维活动,活跃学习气氛。

"良好的开端是成功的一半。"导入语设计贵在新颖、有趣,能激发

幼儿学习的积极性,唤起学习的冲动和愿望,为接下来内容的展开作好铺垫。

导入语的类型很多,可以是教具导入、提问导入、诗歌导入、谜语导入、故事导入、表演导入等。

（二）讲解语

讲解是教学活动的主要环节,讲解语是教师讲述、阐释教学活动内容的用语。幼儿教育活动中,教师需讲解的内容很多,但主要应讲清"是什么""为什么""怎样做"等问题。讲解语要求语言规范、表达准确,层次清晰、重点突出,深入浅出、简明易懂,饱含情感、形象生动、富有感染力,还要带有趣味性、启发性。

讲解常与示范结合起来运用。语言的示范要清楚、响亮,富于表现力；动作或用具的示范要面向全体幼儿,使大家都能看到并听清楚。运用讲解语要深浅适度。尽量用生动鲜明、具体形象的语言,讲解语重在点拨,启发思维,要对教学的氛围起主导作用。

讲解语有时可以是开放式的陈述,这样使知识更容易与幼儿已有的经验结合而创造出一些新的知识,使幼儿敢于对知识的未来发展做大胆的推测和联想,使幼儿在接受知识的过程中不断产生创造的冲动和行为。如,教幼儿画鱼时,经过前期的科学活动之后,幼儿有了关于鱼的知识也学会了画鱼,于是教师以"鱼的过去""鱼的未来"为题,从进化演变的角度,让幼儿推测过去的鱼并想象未来的鱼。极有效地激起了幼儿的创造激情,他们根据自己的分析推理,创造出与现在的鱼既相似又有区别并且完全超越现实的"想象鱼"。

（三）提问语

提问是幼儿集体活动指导中最常用的方法。提问语要能激发幼儿的学习兴趣,引发幼儿思考,在回答问题的过程中培养幼儿的口语表达能力,发展智力。提问前,教师要设计好提问语。问题要明确易懂,多设计开放式的提问,便于幼儿主动思维,积极寻求答案。不要提一些幼儿回答不了的问题,或简单到只用"是""不是"就能回答的问题。善于运用提问语,最能体现教师的教学艺术,"引导之法贵在问"。

（1）提问的语句形式，语气特点有如下三种：

设问——教师自己设问，自己作答；

商问——教师采用与幼儿商量、探讨的语气发问；

反问——这是一种寓答于问的说法。

（2）运用提问语应注意的问题：

第一，提问语要适时，即在幼儿有思、有疑正要发问而又苦于不知怎样发问之时提问。

第二，提问语要适度，即提问语的难度与深度要适度。不能让幼儿答不上来或答得太轻松。

第三，提问语要适量，提问的总量不宜过多，不要使幼儿产生厌问、拒问、厌答的消极心态。

（四）过渡语

过渡语是教学环节中起连接过渡作用的话。过渡语又称衔接语、转换语等。巧妙的过渡语可以起到自然勾连、上下贯通、逻辑性强的作用。过渡语也是引路语，提示和引导幼儿从一个方面的学习，顺利地通向下一个方面的学习。这对吸引幼儿注意力，发展幼儿积极思维起促进作用。幼儿教育中的过渡语简短、巧妙机敏、藏而不露。过渡语也是粘连语，常常是一个词、一句话或一个感叹，一个要求。它可以把一节课的内容衔接成一个整体，给幼儿以层次感、系统感。

（五）疏导语

疏导语指的是幼儿教师用委婉、巧妙的语言进行耐心细致的疏导，解决好幼儿之间的隔阂和矛盾，因势利导，使幼儿愉快自觉地接受规劝，使事物向好的方面转化。

（六）应变语

在教育活动中，常常会出现一些意想不到的情况，要求教师能根据突发情况作出灵活反应，并按照幼儿接受能力及时灵活地调整自己的语言，使事物朝良好的方向发展，这就是应变语。掌握好应变语的技能，培养自己敏捷的思路和语言的机智，对保证活动的顺利进行至关重要。

应变语的技巧，可以通过语气、语调、语速、重音的变化，也可通过调整句式,增加重音和委婉句来适应教学中的变化。遇到意外情况,教师要灵活机敏,有宽容精神,要因势利导,言语要和蔼,切不可因为觉得自己下不了台而一味地责备幼儿,使孩子陷入压抑的情绪中。

(七)结束语

结束语是活动结束时要说的话,主要是归纳总结活动内容,便于幼儿加强记忆,巩固知识、技能。有些活动内容没有完全结束,也可以留下问题,引发思考。如:"今天咱们玩了'小马运粮'的游戏,学会了怎么助跑,跨跳。下次咱们再玩'追尾巴'游戏,练习在指定地点散开跑。小朋友喜欢玩儿吗?"

结束语要简洁、明了、清晰、精当,切忌虎头蛇尾,简单重复。语速可放慢,语气有肯定和强调的意味。在结束语中也可加入评价,对表现好的幼儿给以鼓励。如:"小红能坚持到底,真是好孩子!""笑笑今天专心画画儿,画得特别好,老师奖他一朵小红花!"

第三节 幼儿教师资格证考试面试和求职面试的口语训练

一、幼儿教师资格证面试概述

新课程改革中,教师的角色被赋予了新的含义,同时也对教师的专业化发展提出了更高要求。国家教师资格考试制度的实施有利于多渠道选拔教师,有利于教师素质的整体提高,是我国新时期教师教育发展的必然,标志着我国的教师专业化进程迈向新的起点。

国家幼儿教师资格证考试包括笔试和面试两部分。笔试的重点是从标准化的、客观的角度评价考生对教师必备知识的理解、掌握和运用,评价考生提出问题、分析问题和解决问题的能力,考核基础性和理论性的知识。面试注重考官和考生互动过程,这一部分内容的考查重点是看考生是否能够较为灵活地把教育教学的理论付诸实践,是否在实践上具备基本的教育教学能力。这些实践能力包括教师基本专业素质、口头表达能力和临场应变能力等。笔试和面试是有机整体,相辅相成,互为补充,从理论常识到实践应用等科学、全面地考查幼儿教师的综合素质和能力,共同成为幼儿教师准入资格的衡量标准。

2011年7月,教育部师范教育司、教育部考试中心联合发布了《中小学和幼儿园教师资格考试大纲(试行)》,其中专门列出了幼儿园教师的面试大纲,主要包括测试性质、测试目标、测试内容与要求、测试方法、评分标准和试题示例六部分。下面我们来具体解读。

(一)测试性质

面试是幼儿教师资格考试的有机组成部分,属于标准参照性考试。笔试合格者,参加面试。

面试是在笔试合格的基础上进行的,笔试不合格的考生没有资格参加面试。

面试是标准参照性考试。所谓标准参照性考试是以某种既定的标准为参照系进行解释的考试。这种考试是将每个人的成绩与所选定的标准作比较,达到标准即为合格,不是选拔性的,与考生总人数多少无关。如驾驶执照考试、计算机等级水平考试等都属此类考试。

(二)测试目标

面试主要考查申请幼儿园教师资格人员应具备的基本素养、职业发展潜质和保教实践能力,主要包括以下三点:

(1)良好的职业道德、心理素质和思维品质。

(2)仪表仪态得体,有一定的表达、交流、沟通能力。

(3)有一定的技能技巧,能够恰当地达成保教目标。

良好的职业道德、心理素质和思维品质是作为一个教师必须具备的三个基本前提条件,在笔试部分很难考查,在面试中则比较容易,一般通过考官的即兴发问来观察和了解考生这三方面的表现。

教师是一个特殊的职业,在仪表仪态上有特殊要求。所谓"为人师表",除了在品德修养、学识的积累上要高人一等外,日常工作和生活中的仪表仪态也要符合教师的职业特点。作为教师,必须做到仪表端庄,仪态大方,干净整洁、文雅美观,在穿着打扮和举手投足中彰显作为教师的品位和修养。这也是面试重点考查的部分。

教育教学知识更是作为教师必备的基本素质。拥有丰富的教育教学知识,不一定能成为优秀老师。还必须善于运用,善于与学生交流和沟通,才能达到理想的教育效果。从这个意义上讲,面试就是要淘汰掉那些笔试成绩很高,但不具备作为教师所应有的基本的表达、沟通和交流能力的考生。

技能技巧是幼儿教师必备的能力。学前教育是一个综合性和实用性很强的专业,在幼儿园教育活动中,教师的口语表达、美术、音乐等基本技巧和能力,始终是决定教育活动成败的重要因素。这部分的考查重点是看考生是否能够较为灵活地把教育教学的理论付诸实践,是否具备基本的教育教学能力。

(三)测试内容、要求及评分标准

这是面试的主体部分,主要包括八个方面:职业道德、心理素质、仪表仪态、交流沟通、思维品质、了解幼儿、技能技巧、评价与反思,共 100 分。

1. 职业道德

包括两方面内容:爱幼儿,尊重幼儿(5 分);对幼教工作有热情,有责任心(5 分)。

职业道德是做一名合格幼儿教师的基础。一名教师,首先要是一个充满爱心的人,应当把追求理想、塑造心灵、传授知识当成人生的最大追求。关爱幼儿、尊重幼儿、公平对待每一位幼儿是对幼儿教师的基本要求。遵守教师职业道德规范,对教育事业和教师职业有正确的认识和态度,热爱教育是教育工作者的灵魂,是教育永恒的主题。这类考查主要在情景提问中体现,如:"幼儿教师责任重,工作琐碎,你为什么还要选择这个职业?"

2. 心理素质

包括两方面内容:具有一定的情绪调控能力(5 分);乐观开朗、有自信心(5 分)。

教育教学具有复杂性,良好的心理素质是成为一名优秀教师的必备条件。教师的心理素质将直接影响教师的行为方式,进而影响到学生未来的身心发展。教师积极向上的心理素质有利于达到理想的教育效果,反之亦然。这一部分内容的考查,主要通过回答问题以及试讲或说课过程中对考生的语言和肢体表现进行考查。

3. 仪表仪态

包括两方面内容：五官端正,行为举止自然大方,有礼貌(6分)；服饰得体,符合幼儿教师职业特点(4分)。

幼儿教师必须了解教育行业的职场要求,规范自己的仪表,通过得体的装束和肢体语言来展现幼儿教师的魅力。这一部分,主要通过考官的印象进行考查。

4. 交流沟通

包括两方面内容：有较好的言语表达能力,口齿清楚,普通话标准,语速适宜,表达比较准确、简洁、流畅、有条理,有一定的感染力(8分)；善于倾听、交流,有亲和力(7分)。

交流沟通是教师必备的语言表达能力,是教师顺利完成教育教学任务的必要条件。幼儿教师要使用规范的普通话,吐字清晰,语速适当,表达明确,流畅贯通,符合幼儿的年龄特点。教师的交流沟通能力是能否通过面试资格考核的重要决定因素。

5. 思维品质

包括两方面内容：能正确地理解问题,条理清晰地分析思考问题(8分)；有一定的应变能力,在活动设计与实施、环境创设上表现出一定新意(7分)。

教师的思维品质决定着课堂教学质量的优劣,是教师专业发展的标志。教学是实施智育的过程,现代教育应培养更多"具有创新精神和实践能力"的人,这就需要教师本身能够将知识转化为智慧,去开启现代教育之门,无论是"快乐思维""创新思维"还是"反思型"教师,都以提高教师自身的思维品质为目的。这部分内容主要通过综合考查考生对问题的思考、试讲或说课的表现给出分数。

6. 了解幼儿

包括两方面内容：具有了解幼儿兴趣、需要、已有经验和个体差异的意识(5分)；能通过观察来了解幼儿(5分)。

教育孩子的前提是了解孩子,了解孩子的前提是尊重孩子。了解幼儿包含多个层面,包括了解幼儿心理、生理发展特点、个体差异、学习方式特点、情感认知特点等,了解幼儿是做好幼儿教育工作的前提。这部分考查主要在提问、试讲或说课中体现出来。

7. 技能技巧

包括两方面内容：熟悉一些幼儿喜欢的游戏和故事(10分)；具有弹、唱、画、跳、手工制作等基本技能(10分)。

这是整个面试的重点内容，直接决定考官对考生教学素质的打分。这部分主要考查考生在讲故事、音乐、美术等方面的教学技能掌握情况以及设计、运用和实施的能力。通过这一部分内容的考查，大体可以看出考生是否具备教师应具备的基本的教学素质。

8. 评价与反思

包括两方面内容：能对录像或资料中的教育活动、教育行为进行较客观的评价，或能对自己的面试表现进行评价(5分)；能根据评价结果提出进一步改善的意见(5分)。

教学评价与反思也是教师必须具备的能力之一。教学评价是整个教学过程中的重要一环，也是对教学情况全面测评的手段。课堂教学评价的目的就是对课堂教学行为进行分析发现教师的优势与不足，不断改进教师教学行为，提高教学质量。教学反思指的是教师对教育教学实践的再认识、再思考，并以此来总结经验教训，进一步提高教育教学水平。面试中主要通过考生对提问的设计、活动的设计、内容学习情况的反馈来进行相关考查。

从以上考查内容和分值比例上我们可以感受到，对幼儿园教师资格的考核，以师德为前提，以学生为根本，以能力为核心，注重对教师职业能力、教育教学机制、教育教学过程、教学技能和考生与考官的交流沟通，凸显出幼儿园教师必须具备的综合素质。

(四)测试方法

采取结构化面试、非结构化面试和展示相结合的方法，通过展示、回答问题、试讲等方式进行。

所谓结构化面试，是指面试的内容、形式、程序、评分标准及结果的合成与分析等构成要素按统一制定的标准和要求进行的面试。不同的评价者使用相同的评价尺度，以保证判断的公平合理性。具体到幼儿教师资格证的面试，在幼儿教师资格证考试面试中，有标准化的流程，候考、抽题、准备、展示和回答问题，回答的题目相同，给定的时间相同，考核标准一致,体现出考核的科学性和公平性。所谓非结构化面试,就是没有既定的模式和程序,提问和回答没有固定的标准,这种方式给考官和考生,尤其是给考生充分的自由。非机构化面试一般被称为答辩。

面试具体环节如下:考生按照有关规定进行准备,时间20分钟;接受面试,时间20分钟。具体时间分配如下:考生持备课纸、试题清单进入备课室,撰写试讲教案或演示活动方案,时间20分钟;正式面试开始,考官首先提问至少2道结构化面试试题,时间5分钟;之后是展示环节,主要由考生根据题目要求进行讲故事、试讲等方面的展示,时间10分钟;之后是答辩环节,由考官随机提出至少一个问题,考生作答,时间5分钟。最后,考官根据考生面试过程中的表现,进行综合性评分。

(五)评分标准

具体评分标准已经在前面内容中涉及,兹不赘述。

二、幼儿教师资格面试和求职面试口语表达技巧

通过对幼儿教师资格证考试面试环节主要内容的分析我们可以看到,口语表达能力是面试能否顺利通过的重要保证,除了在交流沟通部分特别注明对口语的要求外,其他各个环节都离不开口语表达技巧:技能技巧环节有讲故事;在展示弹、唱、画、跳、手工制作时,也需要一定的讲解能力;其他测试项目中主要以提问形式考核,回答问题时除了知识的掌握和运用外,要想得到满意的结果,还需要一定的口语技巧。下面我们就幼儿教师资格证和求职面试中几个主要口语表达类型进行学习和训练。

(一)格式化面试和答辩的口语技巧

幼儿教师资格证考试面试中的格式化面试和答辩是两个非常重要的环节,在这两个环节中,可以考查考生的教育思想、工作观念、人生态度、应变智慧、语言表达、知识积累、思维品质等多方面能力和技巧。回答格式化面试和答辩的问题,主要技巧有以下几点。

1. 听清问题

格式化面试和答辩环节本身就是以提问、回答的形式呈现,所以只

有在听清问题的基础上才能正确分析问题,并紧扣题目,围绕题目作答。所谓听清问题,一是明确问题的核心指向;二是对问题的内容要听完整,尤其一题多问的题目。在听清问题的基础上才能分析问题,准确作答。如果确实没有听清,可以请考官重复问题。

另外,在答辩环节尤其要注意考官提出的问题是否与展示环节相关,如果相关,一定要结合自己展示的例子进行具体分析。

2. 观点正确

在格式化面试和答辩环节中,观点是回答的基础和灵魂。如果观点不正确,回答得如何详细、如何有条理都是徒劳的。要想保持观点正确,就必须加强对教育路线、方针、政策和基本教育原理的学习,在平时多积累相关知识,不能依靠临时投机取巧。

3. 有逻辑性,简明扼要

考生的逻辑思维能力和口语表达能力是重要的考查项目,这项能力体现在考生回答问题的条理性和逻辑性上。考生在听到面试题后,思考问题要有逻辑性,组织语言进行陈述时也要有逻辑性,这种逻辑性体现在回答问题的要点是否准确、层次是否清晰、条理是否分明,表述是否前后照应等。通常可以使用首先、其次、最后,或者第一点、第二点、第三点等表述方式,在结尾时注意提炼、总结和升华,起到"画龙点睛"的效果。

因为时间有限,回答问题时一定要抓住核心,说话不含糊、不啰唆、不重复,突出重点,言简意赅,一语中的。

4. 自圆其说

面试中一些问题可能比较生僻和刁钻,既没有现成的规律和例子可以遵循,还可能要从多个角度分析。面对这种情况,考生千万不要模棱两可,一定要亮出自己的观点,但要充分调动自己的知识储备和生活积累,有理有据,最后能自圆其说,这样,自己的观点就能站得住脚,容易为考官所接受。

5. 有良好的语言习惯

良好的语言习惯指考生要使用标准的普通话,发音清晰,声音自然,音量合宜,语速适中,表达连贯流畅,没有口头语和语法错误,用词得当并且言之有物。

6. 把握好时间

答辩在时间上有严格的规定性，在内容上有严格的限定性。因此要掌握好答辩时间，既不要空耗时间也不要啰唆累赘，冗长的表述最易使评委和其他听众产生厌烦的情绪。这样必然会影响答辩的效果。

（二）试讲中的口语表达技巧

试讲是幼儿教师资格证面试中一个特别重要的环节，考生除了对教材本身的分析把握之外，在口头表达上也要注意以下几个要点。

1. 了解试讲的基本环节

试讲主要包括四个环节：活动目标、活动准备、活动过程和活动延伸。活动延伸环节视具体情况而定，可以有也可以没有。

2. 紧密结合主题特点

不同领域、不同主题的试讲会有不同的侧重，试讲时要符合教材本身特点，必须有针对性。如教授体育动作时，重点在于强调动作要领；教授手工课时，重点在于强调手工的步骤；教授科学课时，重点在于启发和概括。

3. 随时调整试讲的语言方式

根据不同教学环节和课堂氛围，在试讲过程中随时调整讲解语。在不同教学环节，要运用不同的讲解语，对于幼儿已有的知识和生活经验，可以用引导、启发性的讲解语；对于重点内容，可以用重复性的讲解语；对于认识不清、含糊混淆的内容可以用归纳、整理性的讲解语。同时要随时注意观察学生的表情、行为和操作活动，通过提问、引导、概括、重复等各种方式及时调整自己的讲解。

4. 会进行强调

在讲解重点、难点内容，概述和总结教学内容以及提起幼儿注意时，往往会用到强调，除了提高音量或用声音的变化来进行强调外，还可以增加身体动作、运用概括和重复以及通过提问和回答进行强调。

5. 注意语言的互动

虽然试讲时并没有幼儿在场，但试讲内容是针对幼儿园教学的，所以在试讲时要注意设计互动性语言,学会自编自演,充分展示自己的教学能力。

6. 教态自然,语言流畅、明白、准确

试讲时要教态自然,仪表得体,身姿、手势和谐。试讲是用口语解说,因此,要保证语言的流畅、明白和准确。尽量把书面语转换成口语,语速要适合讲解内容和情感的需要,语言明白、准确,主要指要使用标准的普通话,发音准确、句法完整,没有语病和口头语,试讲语言既要符合科学规范,又要尽量使用幼儿能理解的语言。

7. 把握好时间

试讲时间只有十分钟,要合理安排时间,突出主要环节和重点内容,避免不必要的废话、套话,一些细节不需要过度阐释,以免超时。

课堂讲解的目的是引导幼儿主动学习,最终达到良好的教学效果,所以讲解语一定要和提问、训练、活动结合起来,要尽量做到生动、精练,通过描述、概括、启发等多种方式引起幼儿注意、唤起幼儿共鸣,诱发幼儿丰富的想象力,让幼儿在教师春风化雨般的语言中快乐成长。

(三)其他面试常用技巧

1. 自我介绍

在面试环节常见到自我介绍的题目。自我介绍虽然简短,但可以向考官展现考生基本的逻辑思维能力、语言表达能力、提炼概括能力、现场的感知能力与把控能力,还可以透露出考生的自我认知能力和价值取向。做好自我介绍有以下几个要点。

(1)突出重点

自我介绍是为了突出自己与众不同的特点,加深考官对自己的良好印象,又因为时间有限,所以必须在最短的时间内展示出要介绍的重点。

这个重点可以是自己学习成绩优异,可以是获得过的奖项,可以是特殊的工作经验,可以是独特的才能,还可以是独到的教育观念,无论哪一方面,这个重点要有所取舍,一定要紧紧围绕幼儿教师的岗位需要,不能信马由缰、漫无边际。

（2）突出个性

突出个性的目的同样是为了给自己增加印象分,这里所说的个性一定要积极向上,乐观自信。自我介绍时,最好把个性和专业特长以及由此带来的成就结合在一起展示,会有更好的效果。热爱文学的考生,可以在自我介绍时引用名言或诗句,增添文采;性格开朗的同学可以适当展示自身的幽默;独立坚强的同学可以引用事实来证明。自我介绍的方式一定要符合自身个性,如果不是个性特别强的人,就不要牵强附会,否则容易弄巧成拙。

（3）随机应变

自我介绍的内容可以提前做好准备,但在实际介绍时要注意选择合适的时机,可以在教学导入时巧妙加入,也可以在答辩时进行。同时,还可以根据面试时的场景和气氛适当调整,以达到最好的介绍效果。比如考试当天下起了小雨,考生就可以加上这样的话:今天正好下起了小雨,诗人说雨的好处在于"润物细无声",我想教育的最高境界也应当是"润物细无声"。

（4）注意语气和态度

自我介绍的语气以陈述为主,保持自信,条理清晰,简短明确,需要突出的部分要加重语气和稍微提高声调。不要打断主考官的话急于介绍自己,语气不要过分夸张。

自我介绍的态度要大方,表情要自然,面带微笑,目视前方,坐姿要端正。不要东张西望,左右扭动,不要态度轻浮,要自尊自重。

2. 说课

（1）什么是说课

说课是教师面对同行和专家,以先进的教育理论为指导,将自己对课标、教材的理解和把握、课堂程序的设计和安排、学习方式的选择和实践等一系列教学元素的确立及其理论依据进行阐述的一种教学研究活动。

说课与试讲不同,试讲主要解决教什么、怎么教的问题,说课则不仅解决教什么、怎么教的问题,还要说出"为什么这样教"的道理。

（2）说课的语言要求

说课主要包括说教材、说学情、说活动准备、说教法与学法、说教学过程、说教学特色等内容。说课时,与口语表达相关的主要有以下技巧。

①说课前的准备。

要在说课前准备好各领域基本课型的框架,包括目标框架和理论框架。在言语准备不足够充分时,可以套用这样的程式性语言。如语言领域,以诗歌为例,教学目标一般可以设定为以下几项:

第一,理解诗歌的内容,感受诗歌的优美语言,体验诗歌的优美意境。

第二,掌握"快乐"这个词,体会诗歌活泼向上的意境,学习用欢快的语调朗诵诗歌。

第三,启发幼儿结合生活经验大胆想象,激发幼儿亲近、热爱大自然的情感。

第四,模仿诗歌说句子,体验创作的乐趣。

第五,尝试根据诗歌的结构和形式进行仿写,表现出童心和童趣。

第六,遇到不熟悉的教材,一定要分清是哪个领域、哪类主题,然后套用自己提前准备好的相关说课框架,这样能保证说课的顺畅进行。

②条理清晰、主次分明。

说课时一定要按照说课的基本环节去说,但要注意详略得当,重点、难点的解决部分、教学设计的亮点部分等关键内容一定要多给时间详细说明。在表达上可以用下面这样的话来体现:"下面我侧重谈谈对这节课重难点的处理……""基于对教材的理解和分析,本人将该节课的教学目标定位为……"

③口齿清晰,语言得体。

说课不是做报告,说课同讲课一样,要展示出考生的语言表达能力。说课时,要做到措辞准确、吐字清晰、普通话标准,整体要流畅,在此基础上可以追求语言美,配合恰当的情感和语气语调。说课速度要适当,语调的轻重缓急要恰如其分,让考官从考生语调的抑扬顿挫、高低升降中体会出说课内容的变化。比如教学方法和学习方法要用稍慢的语速说清楚,教学的重、难点要用重音来强调。

(3)说课时要避免的问题

①理论脱离实践。

主要表现有教学理论和教学实践不配套,内容不搭;理论空洞,没有具体内容,在教学中没有任何环节体现出来;理论堆砌,重复累赘。

②各部分内容脱节。

说课的各个环节是有机结合在一起的整体,结构严谨,各部分之间有过渡、衔接和配合,不能各说各话、互不联系。

③漏说环节。

面试时,因为紧张等原因,容易漏说说课的某些必要环节和重要内容,因此一定要写好说课提纲,对容易忘记的事例和理论重点标注出来,以免出现不应该出现的错误。

④把说课当成复述教案。

说课主要体现出教师的教学思想、教学意图和理论依据,体现的是思维过程,而教案是进行课堂教学的具体操作过程,体现的是实践性,两者是不同的。

⑤说课中没有任何辅助手段。

在说课时可以有一些辅助手段,如多媒体投影,实物投影、图片、说课稿等,可以充分利用这些辅助手段帮助自己的说课效果更精彩。

⑥毫无感情地念稿或背稿。

切忌自始至终一个腔调地念稿或背稿,让考官感受不到考生对教学的热情。考生的声音不能含混,要用足够的音量,使在场的每个人都听得清清楚楚。

3. 回答问题的程式化语言

在回答结构化面试和答辩的问题时,有一些通用的程式化的语言,可以提前准备好,可以帮助自己理清思路、缓冲紧张情绪,使自己的表达显得清晰、有逻辑性。

需要注意的是,程式化用语并非万能语,考生一定要根据实际情况选择使用。

4. 面试礼仪

面试礼仪包括职业着装、礼貌用语、举止有礼等,从中可以看出考生的一些基本修养和素质,会直接影响考官对考生的印象和评价,因此也不能轻视。面试礼仪要注意以下几方面。

(1)仪表礼仪

教师着装、化妆和佩戴饰品要符合教师职业形象,要整洁大方,不穿脏、透和过于短小的服装,不化浓妆,不佩戴过于夸张的饰品。

(2)语言礼仪

注意说"回答完毕"。如果是一题一题的提问,那么每道题回答完要说"回答完毕";如果是集中回答,在所有的回答结束后要说"回答完毕"。

情感适度,回答问题时可以在理智判断和选择的基础上表现出情感倾向,但要把握好尺度,否则会适得其反。

实事求是,不要对事实进行虚假的编造,也不要夸大和缩小问题。

(3)举止礼仪

大方自信,手脚不要有小动作,脸色不要僵硬冷漠,眼神不要惊慌躲闪,行动不要慌张迟钝,要保持微笑,从内容、语言、气势和仪态气质上表现出自己的信心,给评委留下有能力、有魄力的印象。

退场时听考官指令。所有的题目回答完毕,主考官示意可以离场后,考生再离开考桌,立正鞠躬,然后退场。

第五章　幼儿教师教育口语训练研究

　　《幼儿园教师专业标准(试行)》(教育部,2011年12月)中强调,幼儿园教师是履行幼儿园教育工作职责的专业人员。幼儿教师作为幼儿学习活动的支持者、合作者、引导者,在与幼儿互动中对幼儿进行思想品德、行为规范教育时使用的工作用语,就是幼儿教师教育口语。正确恰当地运用教育口语的能力,是幼儿教师必备的技能之一。

第一节　教育口语概述

　　著名哲学家康德有句名言:人只有靠教育才能成为人。幼儿园教育本身就承担着"为幼儿一生的发展打好基础"的重要作用。在幼儿时期进行情感、品德、行为习惯等非智力因素的培养,是幼儿素质教育的重要内容,而良好的品德行为也是做人的基本要求。教育部2011年10月颁发的新《课标》中的有关"幼儿园教师课程目标与课程设置"中指出:"教师是幼儿学习的引导者和支持者,教师工作的意义在于帮助幼儿健康成长。"《幼儿园教育指导纲要》中指出:"幼儿园德育教育应以情感教育和培养良好行为习惯为主,注重潜移默化的影响,并贯穿于幼儿生活及各项活动之中。"幼儿园教育过程是教育者把道德规范、社会规则及良好的行为习惯内化为幼儿德行的过程,这个过程的完成必须借助于幼儿教师的教育口语。因此,幼儿教师教育口语有其独特的原则和要求。

一、教育口语的原则

　　《幼儿园工作规程》总则第三条中提出:"幼儿园的任务是:实行保育与教育相结合的原则,对幼儿实施体、智、德、美诸方面发展的教育,促进其身心和谐发展。"第五条明确了幼儿园教育的主要目标是:"培养诚实、自信、好学、友爱、勇敢、爱护公物、克服困难、讲礼貌、守纪律等良好的品德行为和习惯,以及活泼、开朗的性格。培养幼儿初步的感受美和表现美的情趣和能力。"同时,强调了幼儿园教育工作的原则是:"体、智、德、美诸方面教育应互相渗透,有机结合。遵循幼儿身心发展的规律,符合幼儿的年龄特点,注重个体差异,因人施教,引导幼儿个性健康发展。"

上述要求决定了教师教育口语应从促进幼儿身心发展,让幼儿体会或感受情感、情绪出发,将教育内容贯穿于幼儿日常生活和各种教学活动之中。这就要求教师要有高超、纯熟的语言技巧,善于捕捉幼儿细微的情感、情绪变化,随机进行教育。在对幼儿进行教育的过程中,不能只靠单纯的说教,要将德育因素融入日常生活和各种教学活动,渗透在幼儿游戏、学习、劳动、娱乐的各个过程之中,渗透在幼儿与同伴以及与成年人的各种交往关系之中。这种渗透应遵循以下四项原则。

(一)民主性原则

《幼儿园教育指导纲要》(试行)明确要求:"创造一个自由、宽松的语言交往环境,支持、鼓励、吸引幼儿与教师、同伴或其他人进行交谈,体验语言交流的乐趣。"《纲要》同时指出:"建立良好的师生、同伴关系,让幼儿在集体生活中感到温暖,心情愉快,形成安全感、信赖感。"因此,在教育的过程中营造民主的谈话氛围,鼓励幼儿大胆表达,促进幼儿语言的学习和发展,同时将道德观、价值观、人生观等教育内容蕴含其中,就可以让幼儿在轻松、没有压力的环境中受到潜移默化、润物细无声般的启迪。

贯彻民主性原则,要求教师首先要热爱和尊重幼儿,通过语言或非语言的方式关爱、尊重、理解、接纳和支持幼儿,教师应常以商量的口吻和讨论的方式指导幼儿的活动,支持幼儿的求异和探索,理解幼儿的稚拙、失误,并帮助幼儿积极主动地战胜困难,从而培养幼儿的独立性和自信心。所以,教师应经常说"你好""请""没关系""能不能?""让我们一起来好吗?""你说应该怎样呢?""你来试试看,如果需要什么帮助就和老师说""你想玩什么?那你就去吧!"等词句,不能习惯于用"要这样做""那不行""不许""不能"等词句。

其次，教师应学会倾听幼儿的心声。倾听是理解、尊重、接纳、期待和分享，并不只是给幼儿一个表达的机会。幼儿教师应关注幼儿，学会倾听，赢得幼儿的好感和信任，也为幼儿学会尊重他人提供示范和榜样。

此外，幼儿教师要密切联系幼儿的生活经验，以幼儿感兴趣的事物为切入点，激发、支持和引导幼儿语言表达的意愿，让幼儿有话想说，激发幼儿的主观能动性。

幼儿教师在与幼儿交流的过程中，只有怀着主动真诚的态度，才能平静坦然地接受孩子们的缺点甚至错误。而孩子们也能在教师创设的宽松民主的氛围中大胆地表达自己的心声，用心和教师交流。教师站在孩子的角度上审视自身的言行，便是对幼儿真正的接纳和尊重。

（二）肯定性原则

美国教育家把成功教育幼儿的奥秘概括为"信任幼儿"四个字。我国当代教育家陶行知先生也说，"相信儿童，解放儿童"，"人人都说小孩小，谁知人小心不小，您若小看小孩子，便比小孩还要小"。这都说明了幼儿教育的真谛，即尊重孩子，相信孩子，肯定孩子。教师对幼儿的肯定，不仅让幼儿体验到教师的理解、尊重与接纳，而且感受到教师对自身发展潜力的肯定，非常有助于儿童形成积极的自我意识，能更主动地内化教育要求，不断进行自我完善。

肯定性原则体现了教师对幼儿的尊重，对生命的尊重。所以，幼儿教师要树立正确的儿童观和教育观。善于发现幼儿身上的闪光点，巩固和发扬幼儿的优点，纠正幼儿的缺点，提高教育的效果。

同时，对幼儿的肯定要把握好时机，不同的幼儿有不同的优缺点，对他们的要求不能整齐划一，这样才能让幼儿的兴趣得到充分的发展，要注意多对幼儿的主观努力给予肯定；肯定还应有理有据，切忌笼统地表扬幼儿，一味地肯定容易让幼儿产生盲目自大的心理，所以应注意把肯定教育与其他的教育方式相结合，以促进幼儿的全面发展。

在教育的过程中，教师充分肯定幼儿的优点，对培养幼儿的自信心有极大的帮助。自信心是人对自身价值和能力的充分认识和评价，是激励个体自强不息地实现理想的内在动力。幼儿是非观念模糊，不会正确认识自己，只能通过成人的评价了解自己，在教育教学活动中教师有意识地加强对幼儿自信心的培养至关重要。教师的肯定能使孩子变得更加乐观自信,使孩子不怕挫折勇往直前,还能够激发孩子的潜能,增强自信,更积极地参与各项活动。

(三)浅显性原则

幼儿思维的具体形象性特点决定了他们更容易理解和接受直观、生动、具体、浅显的教育影响,特别是对观念的感知和理解,更需要借助于形象。因此,幼儿教师必须善于运用语言创造直观形象,来帮助幼儿理解和感知各种抽象的事物、词语、概念。

(四)针对性原则

"一个孩子一个样,每个孩子不一样",幼儿教师所运用的教育语言应当因人而异,因学习内容而异,因学习环境而异,因时间变化而异等,这是针对性原则的要求。

首先,应针对不同年龄阶段的幼儿使用不同的教育口语。小班的幼儿在教育时就应该多使用短小的语句,语气夸张,富有感情色彩,语速较慢;中班的幼儿可以变化句式,让表达的内容更丰富,减少重复的次数;大班的幼儿则可以增加些幼儿能理解的抽象概念,可以使用复句,语言表达更简洁。

其次,应针对不同性格特征的幼儿使用不同的教育口语。如对性格内向的幼儿要多鼓励少批评,语气亲切,语调柔和,多用肯定性的评价帮助他们树立自信,不在公开场合讥讽或打击他们。对性格外向、活泼多动的幼儿,可以降低声调,具体明确地进行教育,抓住问题的核心对症下药。

以上各原则在教育过程中运用时不是孤立的,而是互相渗透、相互关联的,所以在幼儿园各种教学活动中使用时应注意各原则之间的联系。

二、教育口语的特点

幼儿教师教育口语的指向是促进幼儿的全面和谐发展,为幼儿在生活习惯、规则意识、学习能力、情感情绪、审美情趣等各方面的健康发展奠定基础。

（一）明理启智

幼儿的道德行为和道德判断是在掌握语言以后才逐步产生的,所以对幼儿来说,重要的不只是灌输道德知识和道德观念,而是促进其道德情感的萌发。语言活动的初期,随着在日常生活中自己良好的行为获得成人"好""乖"的评价,幼儿开始理解哪些是"好的"行为、哪些是"不好的"行为。随着语言和认知的进一步发展,3岁后幼儿的道德感开始形成,他们通过交往和模仿学习,逐渐掌握了一些行为规范和各种道德标准,还开始关心自己或别人的行为是否符合道德规范并由此产生相应的满意或不满意的情感,各种道德习惯也逐渐形成。在现阶段的德育教育中,普遍存在重知识、轻实践,重逻辑方法、轻情感体验的现象。表面看幼儿获得了大量的教育信息,实际上,为教师们所津津乐道的所谓德育要求在很大程度上并没有内化为幼儿的品德。言行不一、表里相悖的现象在孩子们中间时有发生。

教育题材俯拾即是,在各种活动和一日生活中教师应注重挖掘德育因素。如音乐活动中学唱歌曲《分果果》,教师可联系独生子女对长辈的关怀只知接受而不知道回报的现实,让幼儿从"李小多分果果"中受到教育,联想到要关爱家中的长辈。在日常生活中养成谦让的好习惯,逐渐形成"心中有他人"、尊重长辈的良好品德。

教育中要做到明理启智,就应重视引导、启发,而不是教导。幼儿道德行为的养成不能依靠成人的要求和说教,缺乏情感体验的道德认知是苍白无力的。研究表明,过于强调道德认知,而忽视道德情感,会导致道德认知和道德情感的分离,无法形成道德信念和道德行为。比如,幼儿教师常说:"要互相谦让,懂得谦让的才是好孩子。""你打人不对,快说'对不起'你（指被打的幼儿）快说'没关系'。"结果幼儿根本不理解实际的意义,常常出现下列情景,两名幼儿争抢玩具,其中一名幼儿竟理直气壮地喊:"老师你看,他不让给我。"再如,一名幼儿把别人打哭了,可他只毫无歉意地说了一声"对不起"就离开了,走了几步似乎想起了什么,又回来对还在流泪的同伴大声指责:"你还没说'没关系'呢!"这些事例说明了说教式的教育难以促进幼儿良好道德品质的形成。

在教育活动中教师不能只片面地强调幼儿对于义务、责任的认同,孤立地要求幼儿做出分享、谦让和友爱等行为。应当在幼儿一日活动中随时抓住有价值的教育契机,注重加深幼儿对各种行为后果的感受、体验,同时在教师的参与下使他们在感受与体验中分辨出正确的行为,感受积极行为所带来的愉快。

(二)简约规范

幼儿期正是学习语言的黄金时期,幼儿语言的获得主要通过自然观察和模仿而习得,在学前阶段教师无疑是幼儿们模仿的对象、学习的榜样,教师的一言一行、一腔一调,甚至连口头禅,幼儿都非常敏感,都乐于模仿。幼儿教师在教育过程中,语言必须简洁,恩格斯曾说过:"言简意赅的句子,一经了解,就能牢牢记住,变成口语;而这是冗长的论述绝对做不到的。"

(三)直白具体

幼儿年龄小,对教师的语言只能按表面的意思去理解,所以教育口语的使用就必须具体、直白,这样才便于幼儿领会教育的目的。幼儿教师在教育幼儿时一定要注意以正面教育为主,切不可说一些幼儿听不懂的"反语",或讽刺挖苦幼儿。

新《课标》明确提出"尊重和维护幼儿的人格和权利,保护幼儿的好奇心和自信心"。苏联教育家加里宁说过:"一个教师也必须好好检点自己,他应该感觉到,他的一举一动都处在最严格的监督之下,世界上任何人也没有受着这样严格的监督,孩子们几十双眼睛盯着他,须知天地间再也没有什么东西,能比孩子的眼睛更加精细、更加敏捷……"作为一个教师,应该处处严格要求自己,言传身教为幼儿作出表率。"要给幼儿一杯水,教师自身必须是一条涓涓流淌的小溪。"所以,幼儿教师应提高自身的思想和语言素养,才能使幼儿健康成长。

比如,当幼儿不愿意吃胡萝卜时,如果说:"胡萝卜里含有大量的胡萝卜素,可以转化成维生素A,给身体提供所需营养,能预防各种疾病,提高身体免疫力,所以小朋友都要吃胡萝卜。"这样告诉幼儿,他们不能理解,效果就不尽如人意。但是,如果简单地说"胡萝卜有营养,小朋友吃了身体壮",孩子就更容易理解。因此,教师的语言应力求简单直白,容易被幼儿理解接受。

(四)语言儿童化

苏联教育家马卡连柯说:"同样的教学内容,同样的教学方法,因为语言的不同就可能相差二十倍。"可见教师语言的重要性。幼儿教师的教育对象决定了教师教育语言应儿童化。教师语言儿童化,要求教师用词通俗浅显,句式结构简单,语气亲切温和,语调富于变化,语速快慢适宜,语脉条理清晰。

首先,幼儿教师要从理论上了解各阶段幼儿的心理特征和言语习惯,为教育语言儿童化提供依据和基础。

其次,教师应多听多看儿歌、幼儿故事、幼儿节目等影像材料,经常观摩优秀幼儿教师的教育教学活动,大量阅读幼儿文学作品,以熟悉儿童化语言的语音语调,了解幼儿言语的词汇、句式等,并力求在语气、语调、语速等方面符合儿童化语言的要求。

教育口语儿童化,并不意味着教师模仿幼儿语法混乱、用词不当的娃娃腔,而是指教师的语言贴近幼儿生活,符合幼儿心理特征,表现幼儿的情感,富有幼儿情趣。用孩子所能理解、接受的语言来说话。

第二节 教育口语的分类训练

教师的教育口语应该注意因材施教,不能千篇一律。因为即使是处于同一年龄阶段的幼儿,由于其个性、气质、家庭生活背景的不同,表现在智力因素、非智力因素诸方面的差异是非常明显的。教师教育口语的选择和运用,应该遵循儿童身心发展规律,考虑幼儿现有语言接受能力,注意幼儿之间存在的个体差异,因材施教,以促进幼儿语言能力和思维能力的发展。

所谓气质,即通常说的性情或脾气,这种个性化的气质特点是与生俱来的。气质与其他个性特征相比,具有更大的稳定性。关于婴幼儿的气质类型,有多种划分标准。传统的气质类型是由古希腊医生希波克利特提出的,他认为气质可分为四种类型:抑郁质、胆汁质、黏液质、多血质。(具体见表5-1)

表 5-1　四种气质类型

神经类型	气质类型	心理表现
弱	抑郁质	敏感、畏缩、孤僻
强、不平衡	胆汁质	反应快、易冲动、难约束
强、平衡、惰性	黏液质	安静、迟缓、有耐性
强、平衡、灵活	多血质	活泼、灵活、好交际

气质无所谓好坏。上述各种类型的气质都各有利弊，但是它影响到幼儿的心理活动和行为，正确的教育能够发展良好的个性特征；错误的引导，将会有形成不良个性的可能。因此，在对幼儿进行引导和教育时，必须充分考虑到每个幼儿的气质特点。同样的情境和状况，需要教师根据幼儿不同的气质特点有区别地施教。这就要求幼儿教师在教育活动中，除了具备正确的儿童观、教育观，并考虑不同孩子的兴趣、爱好、心智发展水平外，还必须考虑不同气质类型幼儿的语言接受能力，特别是要学会用恰当的语言表达方法与他们交往，以促成幼儿更好的发展和成长。

一、沟通语训练

（一）沟通语及其作用

沟通语是指在体察对方特定处境的前提下，迅速选择恰当的表达内容和方式以争取对方认同或配合的言语策略和技巧。通俗点讲，就是通过对话、交谈、眉目传情、肢体接触等方式达到彼此心领神会，互相更加信任、理解，相处更加默契。

沟通是双方互动的过程。在幼儿园里，运用沟通技巧的目的是用爱的情感开启幼儿的心扉，是教师与孩子之间的心与心的对话。在教师与幼儿沟通的过程中，教师的观点、评价对幼儿有一定的权威性，所以能够与孩子进行有效沟通是每个幼儿教师必备的一种技能。

首先，教师与幼儿的良好沟通，能让教师更好地了解孩子的兴趣、需要、性格特点及心智发展水平，从而进行更有针对性的教育；同时，有益于教师反思以往教育方法的失误与不足之处，及时调整教育方法和教育策略，使教育达到事半功倍的效果。

其次,沟通能起到适时监控的作用。通过沟通能够充分了解孩子的内心世界,及时发现孩子的心理变化或心理异常,并及时调整教育方法或给以相应的补救措施。

再次,孩子也可以通过与教师的良好沟通,感受到老师的期望与关爱,拉近与老师的心理距离,获得安全感,从而使孩子在教师面前更真实地表现自己,乐于表达自己的所思所想,有问题敢于向老师求教或发问,更好地发挥自身的独立性和创造性。

最后,教师与孩子的良好沟通,也能促成孩子语言表达能力和社会交往能力的锻炼和提高,对孩子未来的生存能力和社会交往起着积极的作用。

(二)沟通语技巧

1.沟通的两种基本形式

教师与幼儿沟通主要有非言语沟通和言语沟通两种方式。

(1)非言语沟通

非言语沟通在幼儿教育中非常重要。因为一方面幼儿阶段以直觉行动和直观形象思维为主,对动作比对语言更容易理解。教师的表情(微笑、慈爱的目光……)、动作(竖大拇指、V型指、点头、拍肩、搂抱、蹲下……)、体态(专注倾听的态度、说悄悄话状态……)等远比语言更能表达教师对孩子的尊重、关心、关爱、呵护、欣赏、肯定;另一方面,幼儿也需要与教师的身体接触,心理学实验证明,身体肌肤的接触有利于安定孩子的情绪,让孩子感到温暖、亲切、安全,消除紧张等。例如:对一个知道做错了事,正惶恐不安中的孩子来说,教师亲切地搂抱他一下,摸摸他的头,远比说一句"没关系,我原谅你"更让孩子安心,更能让孩子理解到"老师原谅我了"。

运用非言语沟通应掌握以下四种技巧。

第一,由衷地看着孩子微笑。通过微笑,表达对孩子的欢迎、接纳、支持、关心等情感,让老师的爱变成具体动作。在关注孩子活动的过程中,以微笑与孩子的目光进行对视与交流,会为孩子营造一种温馨、友好、宽松的心理氛围,让孩子感到愉快和安全,无形中会增强孩子对老师的好感,是进一步交流与沟通的基础。例如,晨间接待时,老师老远看到孩子来园,就报以微笑,就像老师张开双臂在欢迎、拥抱孩子,对自卑、胆怯的孩子,老师的微笑更会让他们感到被接纳的愉悦。

第二,用眼睛表达对孩子的关注。眼睛是心灵的窗户,孩子很会领会教师用眼睛所传达的信息,在日常生活和集体教育活动中,教师更多的时候是要面向全体幼儿讲要求,讲游戏规则,在组织活动中,面对孩子的不同反应,往往需要老师"用眼睛来说话"以达到与孩子的沟通和促成活动的正常进行。

非语言交流在具体运用时要因势利导,对态度认真的孩子,用比较夸张的点头微笑,竖起拇指鼓励;对注意力不太持久的孩子,投以慈爱、询问、理解的眼神;对在游戏活动中有独特创意的孩子投以赞许的目光;对新入园的孩子,要关爱有加,以尽快消除幼儿初来乍到的陌生感。

第三,蹲下来与孩子说话。近年来"蹲下来和孩子说话"逐渐被人们接受和认同。

瑞士教育家裴斯泰洛齐说:"父母蹲下来和孩子说话,不但拉近了与孩子的物理距离,更拉近了与孩子的心理距离。"同理可证,对于幼儿教师而言,这一个简单得不能再简单的姿势,却代表了一种全新的教育理念,一种民主公正的态度。只有与孩子进行平等的交流,在充分尊重彼此的基础上形成一种朋友的关系,孩子才能从教师的眼睛里看到尊重与信任。

第四,侧着或与孩子并排进行沟通。教师与孩子说话,不要站着让孩子仰视,与孩子之间的距离和位置要适当。一般教师与孩子说话的距离不超过一米,孩子单独说话不超过一尺,双方朝着一个方向,这样使孩子感到轻松自然,没有压力。

(2)言语沟通

非言语沟通是交流的辅助手段,正常的人际交往离不开言语沟通,尤其是随着孩子年龄的增长,对言语的理解能力增强,需要用言语来表达自己的需要和丰富的内心世界,教师要想了解孩子,达到心灵交汇,就必须掌握言语沟通的技巧。

作为幼儿教师,虽然天天都在和孩子交谈,但事实上所有的交流并不一定都是有效的沟通,因此成人常说,不知道孩子是怎么想的,了解孩子很难,而同时孩子们也渴望成人了解他们的世界。

2.言语沟通技巧分类训练

(1)引发交谈的技巧

引发交谈是指教师要找到与孩子交谈的切入点,激发孩子与之交谈的兴趣。要求教师善于捕捉孩子表面言行折射出的信息并给予迅速积极的反馈,要善于发现孩子感兴趣的话题,抓住时机,创造谈话的良好氛围,将孩子自然引入交谈之中。

(2)倾听的技巧

倾听对幼儿教师至关重要,在沟通中教师乐意、善于倾听,并能对孩子说的话给予适时、适地的反应,使孩子更乐意倾诉,并相信教师是自己随时可以交谈的对象。

倾听是教师与孩子沟通的必要前提。但在实际工作中,真正掌握倾听艺术的教师并不多。有的因工作忙碌,在与孩子的沟通中不能认真、耐心地倾听;有的不愿用孩子的视角倾听,因此常会觉得孩子说得滑稽、可笑、幼稚、不可思议而不屑倾听,从而难以做到与孩子互相倾诉,彼此聆听,很难了解孩子们的心声,自然很难与孩子进行有效的沟通。

孩子和成人一样,说话目的有三个:其一,让别人分享自己的快乐,以证明自己的存在;其二,让别人了解自己的需求和想法,获得别人的理解、支持和帮助;其三,了解别人的想法和需求,以调节自己的言行,更好地予以应对。这些满足生命基本需求的愿望十分简单。因此,无论孩子所说的话是多么奇怪、可笑、幼稚、断断续续或重复,教师一定要用心倾听。

(3)扩散谈话的技巧

扩散谈话指教师用孩子可以理解的方式,向孩子提供适宜的信息、词汇或问题,引导孩子把谈话延续深入下去。

扩散谈话是教师进一步与孩子交谈的必要阶段,不仅能使教师多方面获得孩子的信息,还使孩子的语言表达能力得到锻炼和提高,使孩子对教师产生信任和依赖。

(4)结束谈话的技巧

老师适时地结束谈话,让孩子表现出满足感,即使由于客观原因必须结束谈话,也要让孩子感到,老师很想听他讲话,只是条件不允许,还会有向老师倾诉的机会。实践证明,沟通的效果如何,并不完全取决于交谈时间的长短,尤其在幼儿园,每个环节的安排是相对紧张的,老师应既有根据实际情况引出话题的能力，又有结束话题的能力，与孩子的沟通不能漫无目的，想到哪说到哪，有头无尾，草草收场或不了了之。

3. 沟通语使用的基本要领

应注意两种方法灵活机动的运用：一是语脉接引，即顺着孩子的意思说；二是互补交流，即孩子没说到的就给他"垫"上一两句，共同说一个意思，表达一种感情。

当沟通受阻时注意及时调节：一要先静听述说，然后运用委婉的沟通语逐步变通折中渐入正题；二要设身处地地为孩子着想，不要过分苛求孩子。

4. 不同气质幼儿的沟通语

（1）胆汁质、多血质气质的幼儿

对于这类幼儿，应给予适度的关注，避免他们自以为是和缺乏约束力；给他们充分表达内心世界及创造性想法的机会；在交谈中，可直接指出其存在的不足或问题；可交付他们一些任务，在总结任务完成的过程中，体会老师的信任，增强自我控制的能力和责任感。

（2）黏液质气质的幼儿

对这一类幼儿，应给予耐心、持久的关心和关注，建立他们对老师的信赖感；创造良好的沟通氛围，但不勉强；对他们的良好表现给予及时的反馈；对他们表现出的问题，老师应注意用委婉的口吻，在小范围内提示；平时主动地询问和倾听他们的心声，并适时、适地地进行交谈。

（3）抑郁质气质的儿童

对于这一类幼儿，适合用非言语方式表达对他们的关爱、理解，建立他们对老师的安全感和信赖感；有意识地与他们的家长进行交流，更多地了解幼儿；不管他们情绪怎样，老师要多以积极的情感感染他们，创造良好的沟通氛围，主动单独和他们交谈；少看他们的不足，强化他们的闪光点，多观察、发现他们的兴趣和强项，并给予表现和展示的机会，帮其不断获得快乐体验和成就感；对他们表现出的问题，老师应注意采取适宜的方法予以提醒。

总之，与孩子的沟通是科学，是语言艺术，需要每个教师在工作中不断反思和总结，需要不断地学习探究和创造。

二、劝慰语训练

(一)劝慰语及其作用

一日生活中,幼儿的诸多言语表现背后,隐含着对教师强烈的心理期待和情感需求。教师对于幼儿诸如友善、关爱、发现、探求等语言行为应予以积极回应,予以充分的关注、适宜的引导,适时地鼓励、肯定、赞赏;同时幼儿还会出现因为自身的不适应、无知、意愿未达成等造成不良情绪困扰,因此老师要善于分析导致孩子不愉悦的原因,给予适宜的劝慰。教师的劝慰语,要真诚地表示同情和理解;对孩子的诉说要耐心地倾听;要针对不同孩子的气质类型,给予劝慰,使孩子尽快地走出不良心境。

(二)劝慰语技巧

使用劝慰语要根据幼儿的不同性格特点对症下药,对胆汁质和多血质的儿童,老师要直接明了,设法淡化并转移其注意力;对黏液质儿童的劝慰要表现出同情理解、有耐心,要给予积极的暗示;对抑郁质儿童的劝慰要有耐心、不厌其烦,要设法引导其远离引发不良情绪的环境。

值得强调的是,教师语言技能的运用与观察能力是密不可分的,正确的语言指导基于准确的观察。目前我国幼儿教育的现状是,由于幼儿园的班级容量较大,给教师的工作增加了难度。因此,也就要求幼儿教师要学会"眼观六路,耳听八方",时刻观察幼儿的一切活动,做到"心到、眼到、手到、嘴到",观察细致周到,语言的指导才会更加准确到位。

三、说服语训练

(一)说服语及其作用

当孩子遇到争执、纠纷等问题时,老师恰当和及时的说服是必要的。说服语就是使幼儿听从和接受某种意见、主张、措施或办法。它是教育幼儿的一种本领,也是一门艺术。

（二）说服语技巧

首先，教师要有明确的说服目的，充分了解幼儿，并分析问题的根源，以有效地说服幼儿。考虑孩子的身心特点和接受能力，避免将自己的主观认识强加于孩子。然后，教师可以采用疏导、暗示的方法去说服和改变幼儿的某种习惯、行为或认识。说服语往往围绕一个中心，解决一个主要问题，循循善诱，以理服人。切忌主次不分，武断轻率，说大话、套话、空话，以及用老师的身份压服幼儿等。要重视"调查"，有的放矢；要尊重幼儿，谈话时要注意分寸，留有余地；要多从正面诱导，热情诚恳，既要求严格又态度和蔼，使幼儿心服口服。

同时，教师还应根据幼儿的年龄和气质特点选择相应的说服语言，在说服的同时注重"言教"和"身教"相结合，做到言行一致。

四、激励语训练

（一）激励语及其作用

陈鹤琴先生曾经说过："积极的鼓励胜于消极的制裁。"可见鼓励和激励比批评意义更重大，当教师用语言、行为等来肯定幼儿的想法、行为时，幼儿就会受到鼓舞，精神感到振奋，将各种规则和要求转化为积极自觉的行动。

不同的孩子对激励语言的接受和理解的能力也不同。因此，怎样激励孩子的兴趣和积极性是一门艺术，不分场合不讲分寸不看对象的随意激励，都会导致激励失败、失效。这就要求教师懂得使用激励语言的技巧，讲究使用激励语言的策略和方法。

（二）激励语技巧

1. 对多血质、胆汁质幼儿要在"抬高"中"煽动"

对于热情但容易冲动的多血质、胆汁质幼儿，教师要语气肯定，语言富于"煽动"性，目光直视，并适当增加态势语，使幼儿的情绪高涨。同时还要善于趁热打铁，点出问题核心，委婉表明态度和要求，有意抬高幼儿的"境界"，达到使其"热情澎湃"而自愿采取行动的效果。

2. 对黏液质幼儿要在"抚慰"中"启发"

对于幼儿来说,挫折、失败是难以避免的,多数情况下幼儿的表现是哭鼻子、发脾气。这时候,老师恰当的激励语就显得更加重要:应使用悦耳、活泼的语言,面带微笑的表情,给予幼儿更多抚慰,平息情绪,鼓励和引导他们参加活动;同时,要注意启发幼儿能多角度、多侧面地思考和解决问题,帮助他们寻找原因,使他们思维活跃,性格开朗起来。

3. 对抑郁质幼儿要多理解帮助

当今时代,孩子们生活条件优越,抵抗挫折的能力相对不足,缺乏韧性,遇到困难就退缩,却都向往成功,幼儿也是如此。每一点微小的进步,在成人眼里可能微不足道,却能点燃幼儿心中的希望之火。因此,注意观察幼儿,捕捉幼儿点点滴滴的进步,并在关键时刻适当地进行帮助,可使幼儿坚定战胜困难的决心,特别对于敏感、孤僻但又细心的抑郁质幼儿,教师更需要用亲切、柔和的语气以及和蔼的目光与其对话,用肯定性的评价帮助他们树立起信心,积极参与到各项集体活动中来。

五、表扬语训练

(一)表扬语及其作用

表扬是一种对孩子的思想和行为给予肯定的评价,使其优点不断得到巩固和发展的教育方法。恰当地运用表扬,对于让孩子认识好与坏、善与恶,提高是非观念和判断能力起到直接作用,它能使孩子明白自己的优点与长处,并得到巩固和发展,还能使孩子得到精神上的满足和愉悦,从而更加努力上进。

(二)表扬语技巧

1. 要善于发现幼儿的"闪光点"

虽然每个幼儿的个性特点存在差异,但他们身上都普遍存在着容易被忽视的可贵之处,即"闪光点"。对这些一"闪"而过的亮点,及时的表扬是对孩子积极向上的心理愿望的"助燃",否则,它会因时间的推移而减弱。任何借口的拖延或遗忘(即使事后再想起)都会使孩子心灰意冷。因此,教师应善于挖掘幼儿的闪光点,并进行"热处理"和"助燃",给予及时的肯定和表扬,并且具体表明为什么要表扬,什么地方值得表扬。

2. 说话要恰当适度

表扬要适度,言过其实的夸张称赞,会使被表扬的幼儿不能正确地看待自己,助长骄傲自满的思想,极易产生负面效应。因此,表扬语既不能言过其实,又不能轻描淡写,要根据幼儿的具体行为和表现,作出适度的鼓励性评价。

同时,表扬还要适量。"量"的掌握,要从行为本身价值产生的效果与周围的关系全方位地考虑,如果缺少任何一方面都会降低教师说话的力度。总之,多而滥的表扬,不但对孩子起不到教育作用,还会使孩子滋长不良的品格,所以每个幼儿教师都要注意,以便更好地运用。

当前很推崇的一种教育思想是"赏识教育",认为"好学生是夸出来的",正面表扬孩子才会建立自信,才会产生兴趣,才会有成就感,才会更加努力。但是,观念行为都不能绝对化,要适时适度,否则会适得其反,事与愿违。一位妈妈反映,有一天孩子回到家就把手套往地上一扔,妈妈让他捡起来放到桌子上,语气稍重了一些,孩子就受不了了,大声对妈妈说:"你不能批评我,今天老师表扬了我好几次。"可见,盲目的赞美并不利于儿童的健康成长。因此,要正确理解"赏识教育"的真正内涵:赏识不等于放弃原则,廉价的、无原则的赏识容易助长幼儿的不良习惯,一味的赞美会成为幼儿前进路上的"绊脚石";同时也不能一味地为表扬而表扬,将表扬形式化、庸俗化;当孩子做了错事,例如打小朋友、抢小朋友的玩具、很难和其他孩子友好相处等,教师不仅不能表扬孩子,还要旗帜鲜明地指出孩子的错误,给孩子以正确的引导,帮助孩子树立正确的人生观和世界观;表扬孩子的优点,表扬孩子的具体行为,做到及时、具体、准确。

3. 形式要生动活泼

表扬语要避免过于单一,要针对不同的情况,使用不同的表扬语言,力求表扬形式多样化,使幼儿始终保持活跃的思维状态。除了教师予以正确评价外,还可调动其他幼儿参与表扬和激励的教育活动,使被表扬的幼儿的优点、进步得到广泛的认同。一个会心的微笑,一个赞许的眼神,一个亲昵的拍脸动作,一次和老师的拥抱都可作为表扬语的辅助形式。

4. 语态要真诚,语调要热情

孩子年龄虽小,但对成人说话的语气、表情、动作还是相当敏感的。表扬语要避免语气平淡、语调平板,否则会削减表扬的力度,甚至适得其反。

5. 适合幼儿的气质

对多血质、胆汁质幼儿的表扬要多戴"高帽",投其所好,直接明了,使其扬长避短;对黏液质、抑郁质幼儿的表扬要情真意切、活泼热情,辅助以体态语,使其树立自信心。

六、批评语训练

(一)批评语及其作用

对幼儿言语行为所表现出来的损害他人、推卸责任、发泄不满等情绪,在不伤及幼儿人格及自尊的前提下,合理引导,正面教育,阐明错误行为所带来的不良后果。批评是对幼儿某种不良言行作否定的评价,它是一种教育手段,为的是让幼儿引起警觉,自觉纠正缺点或错误,规范行为,有时还能从反面激发幼儿积极向上的动力。合格的幼儿教师既要敢于批评,又要善于批评,批评必须注意方式方法,批评要坚持实事求是,不带偏见歧视,从关心爱护的角度出发,平等地对待每一位孩子。对于是非分辨能力较弱的幼儿来讲,不时"犯"些小错误是难免的;幼儿教师要根据幼儿出现的问题的性质、幼儿对待问题的态度认识和幼儿不同的语言接受能力,有针对性地进行批评教育。

(二)批评语技巧

1. 基本要领

(1)控制情绪,用语客观

实施批评必须先调整好自己的教育心理,控制好自己的情绪,言辞才会恳切,才不会说过头话。

（2）一事一评，忌算总账，忌作结论式批评

"算总账"式的批评是对幼儿作全盘否定，容易在幼儿心中形成自我否定的心理定式，教师要就事论事，千万不要给幼儿作定性结论。

（3）少做剖析，多说利弊

少做理性的剖析，重在简单明了地指出其危害性，指出错误可能会造成的后果。

（4）不厌重复，刚中显柔

幼儿自控能力薄弱，教师的批评并不能一次奏效，因此要经常指点。为了达到目的，这些包含批评因素的指点，可以语气强硬一些。如："拉椅子，声音怎么这么响？我听到小椅子喊疼。是哪个小朋友，把椅子的腿拉疼了呀？"在对幼儿进行批评时，必须让孩子体会到教师的关心和期待，必须坚持正面教育。用尖刻的言辞挖苦、训斥孩子，不仅是教育口语运用的大忌，更是教育的重大失误。

2. 根据幼儿的不同气质设计批评语

多血质幼儿易接受批评，但往往忘得也快，因此，批评应开门见山，但须注意保护其自尊心和积极性。胆汁质幼儿易冲动、要强，而且经常质疑公平，因此，对这类幼儿的批评应等到其情绪平静后，态度温和地进行诱导。黏液质幼儿往往需要更多的时间来消化反思批评，一旦明白了道理，认识到错误，一般很少重犯错误，因此，对这类幼儿教师一定要给他们思考回味的时间和机会，并要有耐心。抑郁质幼儿表露错误的机会不多，因而受批评的几率也相对较低，对这类幼儿，应多以鼓励为主，即使批评也应尽可能委婉含蓄。

七、评定语训练

（一）评定语及其作用

评定语即在活动中使用的即时的、情景性的口头评价。它能灵活地点拨、引导、激励幼儿的行为和表现。教师应从多个角度，以公正的、发展的眼光去选择、关注孩子的思维能力、学习方法，对每一个幼儿都抱以积极的态度，寻找和发现他们的闪光点，给予充分的肯定和欣赏，留住孩子最宝贵的兴趣和好奇心，让评价语成为滋润幼儿心灵的甘泉。

(二)评定语技巧

评定语是教师教学中的口语技巧、教育智慧的全面展示,更是教师文化底蕴、人格魅力、敬业情怀的真实体现,虽然多属即兴,却源自教师个人的良好素养。

1. 评定语基本方法

(1)诱发法:一般用于启发诱导幼儿思考、提问。如"你看,大家的积极性多高,一个个都举手了,看谁说得最好。"

(2)试探法:目的在于引导幼儿思考。如"你的看法真有意思,你为什么会这样认为呢?"

(3)激将法:在遇到难题或气氛不活跃的情况下,可用"激将法"激发幼儿的学习积极性。如"这个问题是不是把大家难住了?""我看,这个问题未必有人会回答。"

(4)赞赏法:主要用于肯定、赞扬幼儿的问答。如"这个主意真不错!你一定还有很多别的好主意。"

(5)协商法:可以用来帮助幼儿更正答案。如"咱们能不能把刚才的那个办法再改一下。"

(6)鼓励法:一般用于鼓励幼儿发扬优点,克服不足。如"你唱得很不错,如果再大声一点就更好了。"

(7)壮胆法:主要用于鼓励能力较弱或性格内向的幼儿。如"你前面讲得很好啊,真让老师高兴!来,再接着说,没关系。"

(8)煽动法:旨在鼓励幼儿发言。如"这个问题老师也不明白,看谁最厉害,帮我们讲一讲怎么回事,我们为他鼓掌。"

(9)追问法:进一步激发幼儿思维,让其思考回答得更全面些。如"你说得对,还有别的想法吗?"

(10)补充法:用于补充、强调幼儿的答案。如"'小白兔'这个名字取得不错,如果我们再给他加上个'骄傲的小白兔'是不是更好啊?"

2. 评定语基本要领

(1)评定语应简明、准确、有针对性,让幼儿听得真切明白

评定语应客观地指出幼儿的长处及存在的不足,语言要简洁明了,不冗长,不含糊,对于着意要强调的某个方面,更要讲得清清楚楚。所

以,评定语务必恰当准确,有分寸感。另外,教师在评价幼儿时还要注意,既不能一味简单赞扬,也不能草率批评,要让幼儿知道好在哪里、错在何处。例如"请你再说一遍,这一遍肯定会说得更好,别紧张,慢一点",这样的评定语针对性强,能给幼儿以鼓励,又能帮助幼儿及时调整不足。

（2）评定语应情真意切,让幼儿感到实在亲切

教育是一种温暖的抚爱,"没有爱就没有教育"。教师的评价性语言必须是发自内心的,对幼儿的赞美一定要真诚而亲切,应注意情感效应,要关怀幼儿的成长,理解和体谅幼儿,真诚地帮助幼儿。

（3）评定语应饱含激励,让幼儿获得自信

幼儿在学习和生活中都渴望得到一定的认可,获得成功感,不管是教师的评价,还是其他同伴的互评,哪怕只是回答对了一个提问,或是做了某件值得一提的小事,他们都会产生积极而愉快的心理体验。当幼儿的愉快体验出现的时候,老师及时予以肯定和激励的评价,会加重这种体验的感情色彩,从而使体验长时存留,促进积极行为的再度出现。

（4）评定语应富于变化,让幼儿耳目一新、喜闻乐见

激励的评定语要注意恰到好处。不要言过其实,给人带来虚假的感觉,同时也要注意避免单调枯燥,总是把一些套话进行机械重复,如"你真棒""好的""很好"等。相反,评价语言灵活多样、随机变化、注重创新,幼儿就想听、爱听,而且愿意为之积极争取。评价语言要不拘一格,除了经常变换词句外,还可以将预设语和随机语有机结合,将整句变为散句,散句变为整句,还可以根据需要及时调整语气、语调、重音、节奏。

（5）评定语应幽默风趣,让幼儿在轻松愉快中接受教育、获得知识

幽默风趣的语言是口语交际的润滑剂。同样,运用幽默、风趣的评价语言也是调节师生情绪和活动气氛所不可缺少的方法。富于幽默感的语言更容易使教师实现对教学的有效控制,更容易缓和师生间的紧张气氛,也更能使幼儿保持一种积极、乐观的态度,让幼儿在轻松愉快中接受教育、获得知识。

最后,评定语的使用还要注意将结果评价和过程评价、即时评价和延时评价结合起来。

（6）根据幼儿的不同气质设计评定语

评定语注意幼儿的个性气质差异区别对待,做到因人而异,"一把

钥匙开一把锁",注重评价的层次性。对多血质幼儿应多一些赏识与鼓励;对黏液质幼儿应多一点幽默语言,增强其信心,引导其主动进步;对胆汁质幼儿应多一些宽容与耐心;对抑郁质幼儿应多一点亲近和肯定,拉近双方的距离。

另外,在幼儿园教育实践中,经常把表扬、激励和批评语结合在一起使用,并常常在与幼儿的交流中进行。因此,上述的激励语、表扬语及批评语,从某种程度上都可以认为是评定语的一种,在实践中要注意综合训练。

第六章　幼儿教师交际口语训练研究

口语交际是社会生活的重要组成部分,口语交际能力是每一个社会人应该具有的基本能力。作为幼儿教师,更是需要拥有很强的口语交际能力,才能在生活和工作中得到更好的发展,构建更和谐的师生关系。

第一节　交际口语概述

一、幼儿教师交际口语的定义

幼儿教师交际口语是指以幼儿教师这一角色参与教育对象(幼儿)之外的其他工作交往和社会活动时所用的语言。如和家长、同事、领导及社会各部门的各类人员之间的口语交流都属于幼儿教师交际口语。

幼儿教师交际口语是教师口语的重要组成部分,良好的口语交际能力可以让幼儿教师顺利开展教育教学工作,可以让幼儿教师创造和谐的人际关系。

幼儿教师应当认识到,在教育教学之外的交际场合中,教师的交际对象虽然不再是幼儿,但依然扮演的是幼儿教师这个社会角色,因此教师要注意通过得体的语言,体现教师的职业内涵和文化修养,坚持真诚待人、说话不卑不亢、大方得体,维护教师形象。

二、幼儿教师交际口语的特点

幼儿教师交际口语除了一般口语交际应具备的互动性和实用性的特征之外,还有规范性、定位性、客观性和目的性的特点。

第六章　幼儿教师交际口语训练研究

（一）规范性

幼儿教师交际口语的规范性不仅体现在语音标准、语法规范上,还体现在态势语的运用和行为规范上,也就是说,在工作交往和社会活动中,幼儿教师要用标准的普通话进行交流,要多用礼貌用语,还要注意仪容仪表,守时诚信,遵纪守法,树立良好的教师形象。

（二）定位性

定位性也叫角色的定位性,和一般社会交际不同,在工作交往和社会活动中只要是以幼儿教师这一角色出现,对方必然会把角色定位在幼儿教师这一职业角色上,就会按照幼儿教师的标准来衡量,这就要求幼儿教师要遵守职业道德,不做有悖于职业道德的事。

（三）客观性

作为幼儿启蒙教育的实施者,幼儿教师在人们心目中是严谨的、客观的,对事物的认知和判断是具有权威性的。因此幼儿教师在口语交际中要本着实事求是、求真务实的态度,知之为知之,不知为不知,不说没有根据的话,不说模棱两可的话,不说有意夸大的话,不说态度消极的话,保持幼儿教师交际口语的客观性。

（四）目的性

幼儿教师在参与教育对象（幼儿）以外的各种活动都是有非常明确的目的的,如家访、教研、代表单位参加会议,那么幼儿教师在参与活动前一定要做好口语表达的准备工作,有针对性地设计各种问题的应答方法,以确保有的放矢,提高效率。

三、幼儿教师交际口语的应用原则

（一）规范准确

幼儿教师在口语交际中一定要坚持说标准的普通话,遣词造句要符合现代汉语语法规范,引经据典要知其出处和现实意义,时时都要有幼儿教师的角色意识,处处都要体现幼儿教师的修养和学识,努力塑造可亲可信的幼儿教师形象。

(二)详略得当

口语交际的大忌是杂乱无章、滔滔不绝,有人认为这就是好口才,就是交流的好方法,其实不然。在人际交往中,有时倾听也是一种交流,而且说话的详略繁简和说话的表达技巧是衡量一个人口语交际能力的主要因素。幼儿教师在社会活动中一定要把握说话的分寸,不要夸夸其谈,也不能"沉默是金",更不能语调一成不变,只要重点突出,观点明确,抑扬顿挫、详略得当,就能取得口语交际的成功。

(三)大方得体

态势语是一种无声的语言,是配合有声语言传递信息和表情达意的一种形式,对有声语言起着支持、修饰等作用。美国心理学家艾伯特·梅瑞宾认为:一条信息的传递效果(面对面)中,词语的作用占7%,声音的作用占38%,而面部表情的作用占55%,足以证明态势语在人际交往中的重要作用。幼儿教师受过专业的教师技能训练,在待人接物上应做到落落大方,在态势语的使用方面应该更加得体适度,无论什么时候什么场合都不应扭扭捏捏,也不应有夸张的动作表情,时刻保持良好的职业形象。

(四)不卑不亢

幼儿教师在工作中要面对各种性格、各种背景、各种职业、各种职位的人,但是无论对方是身居要职的官员,还是普通岗位的职工,都应一视同仁,真诚相待,在口语交流中对位尊者不卑,对位卑者不亢,要体现对别人足够的尊重,更要保持幼儿教师的人格尊严。

第二节 与幼儿家长的交际口语训练

在教育孩子的问题上,家长是教师的合作者,只有很好地沟通、交

第六章　幼儿教师交际口语训练研究

流,才能达到教育目的。

一、与幼儿家长的交际沟通技巧

幼儿家长是幼儿教师主要的口语交际对象,也是幼儿教师在教育幼儿过程中的重要合作者。有人说幼儿教师的社交范围很小,整天在幼儿园里,不是同事就是家长。其实不然,家长只是一个群体的总称,这个群体是庞杂的,是由不同职业、不同性格的个体组成的,怎样让每位家长更好地了解幼儿园的教育教学工作,更好地了解自己孩子在幼儿园的情况,怎样能够取得每位家长的信任,发挥家园共育的最大功效,都取决于幼儿教师的表达能力、沟通能力和解决问题的能力,所以幼儿教师一定要掌握和家长沟通的技巧。

和家长沟通交流要注意以下三点。

(一)沟通方式因人而异

家长来自不同的文化背景、家庭和工作岗位,是一个复杂、多元的群体,在年龄、性别、性格、职业和文化背景等方面存在差异。所以教师和家长沟通的时候,要因人而异,采取不同的沟通方式,以达到最佳的沟通效果。

(二)沟通渠道多种多样

教师与家长沟通的渠道多种多样,如家访、家长会、家长开放日、书面沟通、网络沟通等。每一种沟通渠道都有它独特的形式与功能,教师可以根据自己的沟通需求,选择适宜家长接受的沟通渠道,最大限度地发挥沟通的积极效果。

(三)沟通内容具体明确

作为家长非常渴望了解孩子在幼儿园的各种情况,这就要求教师要做工作上的有心人,平时要细心观察孩子在幼儿园的各种表现、发展特点和水平,对每一个孩子的情况做到心中有数,了如指掌,这样在反馈情况时就会使内容更具体更有针对性。

二、不同情境下与幼儿家长的交际口语训练

（一）家访时与幼儿家长的沟通

家访是幼儿教师为实现家园共育的工作方式之一，是有目的、有针对性地和家长沟通的交际活动。从家访的目的性而言，主要有了解性家访、看望性家访、沟通性家访等，无论是什么形式和目的的家访，都要注意以下几点。

1. 提前预约

现代人的人际交往建立在平等、和谐的基础上，幼儿教师在家长面前不应有强势的心态，不能因为我是老师，我想什么时候去就去，反正是为了你家孩子好之类的想法采取突然袭击，让家长因不方便接待而感觉不快，原本很好的交流机会变得不和谐。所以幼儿教师家访前必须先打电话或当面预约，和家长定好时间后还要如期赴约。

2. 大方自信

家访的时间一般都选择在工作之余，但是幼儿教师不能在服饰方面过于随意，不能穿家居服和露背装等不符合教师职业身份的服装，不能浓妆艳抹和佩戴过多的饰品，可以穿整洁的工作服和职业装，可以化淡妆和佩戴简洁的饰品，还要注意态势语的得体，不要有抓耳挠腮、跷二郎腿等不雅的动作，要面带微笑，目光自信，语音标准，语速适中，这样才能取信于家长，为双方的交流做好铺垫。

3. 真诚客观

传统家访是老师告状的代名词，只要学生知道老师去了谁家，那一定是这家的孩子犯了错误，老师走后必定有一场暴风骤雨，所以很多学生害怕家访，甚至老师一到家里，学生就溜之大吉。幼儿教师的家访应是真诚地就幼儿的教育问题和家长进行沟通，多调查了解情况。即使幼儿有不良行为习惯，也要客观反映，科学分析，和家长一起探讨问题的根源，寻求解决的办法，切忌夸大其词，一味指责。

4. 目的明确

大部分家长都非常欢迎教师家访，觉得这样就是对孩子的重视，也

是促进家长和教师之间关系良性发展的好时机,所以接待得比较隆重,比如共进晚餐、赠送礼物等。幼儿教师应该明确家访的目的,尽可能地排除不必要的干扰,以幼儿为中心,有意识地控制谈话的范围,即使家长逐渐偏离了主题,也要巧妙地把话题再牵引回来,给家长留下敬业、廉洁的好印象。

5. 沟通交流

家访主要是通过和家长的沟通交流,在教育幼儿的问题上达成共识,形成家长和教师共同的教育合力,达到更好的教育幼儿的目的。所以,沟通是关键。有时健谈的家长见到老师就有说不完的话,把孩子从小到大的事情一件一件地、不厌其烦地并且绘声绘色地讲给老师听,或是家长认为老师就是权威,说什么就是什么,他们对教育不懂,只用听老师讲就行,这都是不可取的,幼儿教师要有控制口语交际场面和调动家长进行沟通的能力,以达到家访的最终目的。

6. 提高效率

家访的时间可短可长,如看望性家访就不宜过长,因为一般都是幼儿生病或是家中有事,幼儿教师才前去看望以表示关心和慰问,所以只要表达了心意,在简短的交流之后就应该离开。沟通性家访的时间往往会长,毕竟是就某一问题展开的探讨,一定要说清说透。但无论时间长短,都要合理计划,提高效率。

(二)接送幼儿时与幼儿家长的沟通

每天早上家长都要把幼儿交到幼儿教师的手中,下午再从幼儿教师手中接走。接送幼儿是家长和老师接触最频繁的活动,也是及时鼓励幼儿、表扬幼儿、发现问题、解决问题的最佳时机。正是这种每天要进行的看似简单的口语交流,却实实在在地有着立竿见影的教育作用和效果。因此为了能够更好地沟通,幼儿教师要持之以恒地做到以下四点。

1. 耐心热情

家长接送幼儿时和幼儿教师的交流是最平常、最便捷的,也是最琐碎、最庞大的工程。日复一日,年复一年,孩子们每天都有新问题,每天都有新变化,幼儿教师要调整心态,端正态度,做到和每位家长的沟通都不厌其烦,保持最大的工作热情。

2. 一视同仁

幼儿教师每天的工作非常繁杂,不仅要进行教学活动,还要照顾几十位幼儿的衣食起居,并且幼儿的自理能力和自控能力不是很强,所以每天有忙不完的事情。因此对于那些问题较多的孩子,幼儿教师会特别关注,对于那些表现突出的孩子,幼儿教师也会多加留意。但是对于那些比较听话,不惹是生非的幼儿往往就会忽略,这是幼儿教师管理中比较常见的问题。幼儿教师必须对所有孩子一视同仁,掌握每个幼儿每天的动态,了解每个幼儿每天的变化,这样才能做到无论哪位家长接送幼儿时问到幼儿的情况都心中有数。

3. 言简意赅

因为家长接送幼儿的时间比较集中,所以幼儿教师和每位家长的沟通不宜过长,回答家长的问题和反馈幼儿的情况要强调重点,言简意赅,如果有特殊情况必须要当天解决并且沟通时间会较长的,可以先请家长和幼儿在教室等候,不能因为要解决个别幼儿的问题而不理会大部分家长的询问,幼儿教师可先把大部分家长和幼儿送走之后,再和个别家长进行沟通。

4. 提出建议

虽然家长接送幼儿时和幼儿教师沟通的时间很短,但是幼儿教师要有充足的心理准备和灵活的应变能力,对家长的问题提出建议,以达到引导帮助家长更好地教育幼儿的目的。遇到的问题一般分两种:一是已经察觉的幼儿的问题,幼儿教师要做好准备怎样和家长沟通来及时解决。二是家长来接送幼儿时发现家长错误的教育行为,这时就更需要幼儿教师和家长进行沟通,用合适的方法指出家长的错误,并给予正确的指导和合理的建议。

(三)家长会上与幼儿家长的沟通

幼儿园的家长会通常是以班为单位来进行的,是幼儿家长共同参加的集体活动。幼儿教师是家长会的主持人,主要内容是向家长介绍幼儿园和班级的概况,每位幼儿的在园情况,需要家长配合解决的问题和最新的教育理念以及家长提问等。家长会的前期工作很关键,幼儿教师不仅要做好充足的思想准备,还要做好交际口语的准备,这样才能确保家长会顺利圆满地进行。

1. 轻松融洽

作为主持人,幼儿教师口语的表达形式奠定了家长会的基调。幼儿教师应语言亲切,态度诚恳,使家长们在一个轻松融洽的气氛中和教师进行平等的交流,并鼓励家长积极提出问题,引导大家共同讨论,以达到互通有无、共同提高的效果。

2. 正面反馈

每个孩子在父母心目中都是优秀的、完美的,幼儿教师要掌握家长的心理,家长会上应逐一对每位幼儿进行表扬,不能把家长会开成"告状会""批斗会",而对于一些存在的问题可以不点名提出,以引起家长的警惕,有则改之,无则加勉。只要方法得当,不仅会让家长对家长会满意,还会对幼儿教师的尽职尽责更加满意。

3. 关注全体

在幼儿园工作中,幼儿教师对两类幼儿比较关注:一类是特别优秀的,另一类是特别调皮的,而介于这两者之间的比较守纪律、不太爱表现的幼儿往往会被忽略。家长会是家长了解幼儿在园情况的一种渠道,和接送幼儿时的沟通交流不同,家长会上对每位幼儿的评价是面向全体家长,公开透明的,幼儿教师一定要顾及每位幼儿,也要顾及每位家长,不能是会议开了很久直到结束,还有个别幼儿的名字没被提到,这样就会伤害家长的自尊心,甚至让家长对幼儿教师产生不信任感,从而影响今后教育教学工作中和家长的沟通交流。

4. 互动交流

家长会的形式虽然是幼儿教师主持,家长参与,但是不能开成"一言堂",如果教师凭借自己的专业知识和职业定位,居高临下,滔滔不绝,让家长只有倾听之功,没有发言之力,这就不是成功的家长会。家长会应建立在平等互动的基础上,让家长们畅所欲言,各抒己见,可以有争论,可以有异议,能够现场解决的问题大家要达成一致,不能解决的问题幼儿教师应会后继续和家长沟通,争取找到合理的解决办法。

（四）突发事件中与幼儿家长的沟通

幼儿园中的突发事件有很多种，如幼儿突然发病，幼儿意外受伤，家长和老师或其他工作人员发生误会等。无论遇到什么情况，幼儿教师都要保持镇定，积极采取措施，控制事态恶化，争取把事件的影响和危害降到最低。

1. 态度镇定

幼儿教师在处理突发事件时要特别注意控制好自己的情绪，不要感情用事，不要着急慌乱，如果是孩子生病受伤，应该运用所学的幼儿卫生学的知识正确处理，并在第一时间拨打急救电话说清地点和病情，不可在幼儿面前表现消极情绪，要鼓励幼儿"勇敢、坚持"，用拥抱或握住幼儿的手等态势语传递关爱和力量，要和幼儿在一起等待救援。

如果是幼儿教师或是其他工作人员和家长发生误会，一定要以大局为重，不要辩解，不要争吵，等家长情绪平静后再做沟通。

2. 讲述客观

遇到幼儿发病或受伤等突发事件，需及时和家长取得联系，同时要注意讲述情况时语言的情感色彩，不可夸大其词，也不能轻描淡写，应该客观真实地加以说明，并嘱咐家长不要着急，告之园方已经采取了相应措施，不要因为突发事件的处理不当而引发家长对幼儿园和幼儿教师的信任危机。

假如和家长发生了误会，一定是沟通不畅引起的，在解决问题时要实事求是，先做自我批评，然后再详细解释事情的原委，尽可能地得到家长的认同，避免误会加深。

（五）特殊情境下与家长沟通的技巧

与家长的沟通，可能很多是在特殊情况下的语言交流。幼儿园的工作难免会出现不尽人意的地方，对于园方和教师自身出现的工作失误，教师一定要有勇气承担责任，敢于面对家长的质疑，以坦诚、负责的态度处理善后工作，达到令家长满意的结果。这就需要幼儿教师扎实掌握并合理运用特殊情境下与家长沟通的语言技巧。

1. 与带有负面情绪的家长沟通

平心而论,家长生气肯定有其原因,教师和家长从工作关系上讲是平等的,都是幼儿的教育者;目标是一致的,都想培养好幼儿。所以,面对家长时,教师的说话态度要谦和,要有礼貌。在与家长交流时,要立足为幼儿成长而忧、为幼儿进步而急,坦诚相见、推心置腹,站在家长的角度寻求原因。家长来访时,第一件事就是给家长让座,可以的话再帮他(她)倒杯水,然后心平气和地开始谈事情,这样效果会更好,教师在处理事情的时候也就显得主动了。

2. 反映幼儿在园情况时与家长沟通

家长视自己的孩子为"掌上明珠",都喜欢听到自己孩子进步的消息。听到孩子的进步,家长才能更加积极地配合教师以及幼儿园的工作。对于幼儿的进步,教师必须实事求是,不盲目夸耀。教师与家长沟通时要坦然、大方,开诚布公地指出幼儿的缺点,不要吞吞吐吐,否则家长会觉得教师性格懦弱、缺少经验、不可信赖,还会对教师有排斥心理。

3. 幼儿发生意外时与家长沟通

在幼儿园,幼儿难免会发生磕磕碰碰。当幼儿不慎发生意想不到的事情时,教师要寻求自身的责任,不要推卸责任,否则会让家长对教师的综合素质印象大打折扣。作为教师,一定要坦诚地告知家长幼儿受伤的缘由,要站在家长的角度去考虑事情。在与家长交流时,思维要清晰,态度要诚恳、坦然。主动接受家长的建议,等待家长情绪平稳了再与其进行平心静气的交流,力求稳妥地解决突发事件,将不良后果降到最低。

第三节 与领导的交际口语训练

一、初次和领导见面时

初次见面时,和领导握手,要等领导先伸出手,下级才伸手,伸手时手心向上。用力适当,保持热情的微笑,眼睛保持交流。

和领导沟通谈话时保持一定的距离(1米)。眼睛要平视对方,眼睛对视或是看对方的额头,经常保持微笑,最好是就座于斜前方,正襟危坐。

如果是和对方的观点有冲突时,可以换种方式说话,本着能解决问题的态度,这样才有利于最终化解其中的矛盾。要反应迅速,不要把冲突放大,注意放低自己的声音。

作为下属,可以积极主动地与领导交谈,渐渐地消除彼此间可能存在的隔阂,使上级、下级关系相处得正常而融洽。工作上的讨论及打招呼是不可缺少的,这不但能去除对领导的恐惧感,而且也能使自己的人际关系圆满、工作顺利。

二、与领导意见不符时

在工作中,假如与领导意见不一致,首先要以领导的意见为核心,委婉地表达自己的想法和意见。只要是从工作出发,摆事实、讲道理,领导一般是会予以考虑的。人与人之间的尊重是相互的。"敬人者,人恒敬之",一个懂得尊重别人的人,必能获得更多的尊重。应尊重领导,理解领导的处境和难处,不要搬弄是非。

三、接受领导布置任务时

(一)做好准备

在谈话时,充分了解自己所要说的话的要点,简练、扼要、明确地向领导汇报。如果有些问题是需要请示的,自己心中应有两个以上的方案,而且能向上级分析各方案的利弊,这样有利于领导作出决断。为此,事先应当周密准备,弄清每个细节,随时可以回答,如果领导同意某一方案,应尽快将其整理成文字再呈上,要先替领导考虑提出问题的可行性。

(二)选择时机

领导一天到晚要考虑的问题很多,应当根据问题的重要与否,选择适当时机去反映。如果不知道领导何时有空,不妨先给他写张纸条,写上问题的要求,然后请求与他交谈。或写上要求面谈的时间、地点,请他先约定。这样,领导便可以安排时间了。

（三）报告有据

对领导,不要说自己没有把握的事情。领导问到实际工作状态,一定要如实回答,诚恳地说出目前工作的态度,让领导在教学上给出更多的建议,促进自身成长。

四、向领导汇报工作时

（一）忌报喜不报忧

对不好的消息,要在事前主动报告。越早汇报越有价值,这样领导可以及时采取应对策略以减少损失。如果延误了时机,就可能铸成无法挽回的大错。报喜不报忧,这是多数人的通病,特别是在失败是由自己造成的情况下。实际上,碰到这种情况,就更加不能隐瞒,隐瞒只会造成更加严重的后果。

（二）要在事前主动报告

尽量在上级提出疑问之前主动汇报,即使是要很长时间才能完成的工作也应该有情况就报告,以便领导了解工作是否按计划进行,需要做怎样的调整。在工作不能按原计划达到目标的情况下,应尽早使领导知道事情的详细经过。汇报也具有时效性,及时的汇报才能发挥出最大的效力。及时向领导汇报,还能与领导建立良好的互信关系,领导会主动对工作进行指导。

（三）汇报工作要严谨

汇报工作时要先说结果,再说经过。这样,汇报时就可以简明扼要、节省时间。在工作报告中,不仅要谈自己的想法和推测,还必须准确无误地陈述事实。如果报告时态度不严谨,在谈到相关事实时总是以一些模糊的话语,如"可能是""应该会"等来描述或推测的话,就容易误导,不利于领导作出正确的决策。

（四）不要骄傲揽功

所谓"揽功"，即是把工作成绩中不属于自己的内容往自己的功劳簿上记。有的人在向领导汇报工作成绩时，往往有意夸大自己的作用和贡献，以为用这种做法就可以讨得领导的欢心与信任。是喜说喜，是忧报忧，是一种高尚的人品和良好的职业道德的体现。采取这种态度和做法的人，可能会在眼前利益上遭受某些损失，但是从长远看，必定能够站稳脚跟，并获得发展的机会。

（五）真诚虚心求教

主动请领导对自己的工作总结予以评点。以真诚的态度去征求领导的意见，让领导把心里话讲出来。对于领导诚恳的评点，即便是逆耳之言，也应以认真的精神、负责的态度去细心反思。只有那些能够虚心接受领导评点的员工和下属，才能够被领导委以重任。

第四节　与同事的交际口语训练

幼儿教师在幼儿园的工作时间内，接触最频繁的就是幼儿和同事。同事之间会有各种原因的交流，交接工作、教学研讨、课余交谈等，虽然看似简单平常的口语交际活动，也需要注意一些口语表达技巧。

一、交接工作时的交际口语

幼儿园每个班的教育教学工作一般是由两位幼儿教师共同完成的，分早班和下午班，所以两位老师每天都要交接工作，这是为了防止出现疏漏和失误。

（一）条理清晰

幼儿园的工作非常繁杂，每天都有大大小小的各种事情需要交接，无论是早班还是下午班的老师在交接本上记录时都要分类罗列，如幼儿园工作安排、本班要延续的活动、未到园幼儿的名单及事由和自带药品的幼儿名单及服用方法等,记录有条理是前提,在交接时还需要清晰地传达给接班老师。

（二）重点突出

班级的事情虽然很多,但要分出轻重缓急,有些紧急的和重要的事情必须再三强调,如刚提到教室里的一壶热水,交班时要重点说明水很烫,不要让幼儿接近等。教育无小事,尤其是对于没有生活经验的幼儿,更要细致周到,从而防微杜渐。

（三）幼儿园交接班制度

为保证保教工作的顺利进行,各班教师、保育员必须认真做好交接班工作,认真填写交接记录本。

当班老师应及时认真完成当班的各项任务,并对幼儿的健康、学习等情况做好记录。对当班时所发生的问题妥善处理。

早班和晚班老师要互相沟通,配合一致地对幼儿进行体、智、德、美全面发展的教育,及时交流情况,研究解决的办法。

要求交班老师认真填写交班记录,接班老师认真检查每一个幼儿的身体状况,幼儿人数与交班记录相符,方可签上自己的名字,谁签名谁负责。如接班人未签名,发生事故由交班人负责,交班人应要求接班人在检查幼儿身体后签名方可离岗。

交班记录内容如下：

幼儿基本情况,如人数、情绪及健康状况、带药及服药(药的名称、剂量由家长填写)情况及对体弱儿照顾情况等。

幼儿进食情况、教育教学情况、活动情况。

有无事故发生(包括小伤、破皮情况)。

如因交接手续不清引起的事故,则追究当事人的责任。

无论任何情况,交接班程序不能简化,交接班记录不能漏写或补写。

交接班记录本、服药记录本每学期末应上交存档,平时要随时抽查。

二、教学研讨时的交际口语

幼儿园的教研活动有很多种,集体备课时的教研、本园内的专题教研、本行业的学术报告等。参加教研活动,要本着虚心学习的态度,也要提出有理论依据的观点,对于意见相左的问题,以探讨为主,可以求同存异。为了确保完成教学研究的任务,达到教学研究的效果,幼儿教师在口语表达方面要注意以下三点。

（一）态度谦和

教学研讨本来就是一种严肃庄重的活动,幼儿教师在参与过程中要态度谦和,虚心诚恳,多用礼貌用语和谦辞,如"你好""谢谢""请多多指教"等,遇到不同观点要认真倾听,不可极力争辩,努力创造良好的学术氛围。

（二）观点鲜明

教研活动就是为了提高学术水平,让参会人员各抒己见、交流教学心得体会的一个交流平台。在教学研讨中,幼儿教师要有自己独到的见解,不能人云亦云,要有言之有理、言之有据的鲜明的观点供参会者讨论。

（三）简明扼要

每次的教研活动是学习也是交流,每个人都有自我展示的机会,这个展示的前提是要认真听、仔细想、积极说。所以幼儿教师在发言时无须过多的客套话,尽可能地避免过多的口头禅,如"这个这个""啊""嗯"等,最好开门见山,直达主题。

三、课余交谈时的交际口语

一般指课余时间的聊天,或是谈古论今、家长里短,或是交流兴趣爱好、交换生活信息,是拉近人与人关系的最好方式,也是建立良好人际关系的基础。课余交谈和一般社交口语有很多交叉点,要遵循以下规律。

（一）不触隐私

每个人都有自己的心灵空间,同事之间聊天时,如果对方想把内心世界一起分享,那么就做一个忠实的倾听者,如果对方一直回避某些事情,切忌刨根问底地去触及与此相关的敏感话题,不要认为关系密切就可以毫无保留,这样不仅得不到别人的信任,反而会失去更多的朋友。

(二)不传闲言

同事之间有很多共同话题,相同的工作环境,相同的工作内容,相同的教育对象,相同的领导同事,免不了有人会说说别人的闲话,发发关于领导的牢骚。无论什么情况,尽可能正面疏导,最好能解决矛盾。如果无能为力,也要让自己成为闲话的"垃圾袋",装进来,然后封口、打包、扔出去,不要让闲言碎语污染同事之间单纯的人际环境。

(三)以诚相待

同事之间相处要诚实、诚信,在工作中相互学习,在生活上相互照顾,最大限度地去帮助别人,也要心存感恩地接受别人的帮助。但以诚相待并不是大包大揽,打肿脸充胖子,"诚"的含义是真实思想的真实表达,而不是碍于面子,勉强答应了对方又牢骚满腹,所以同事之间也要学会拒绝,实在是力所不能及的事情一定要诚恳地告诉对方缘由,以求谅解。

第五节　与社会相关人员的交际口语训练

作为幼儿教师,与社会相关人员打交道的地方很多,因此,注意与社会相关人员的交际口语训练非常必要。

一、幼儿教师与社会相关人员的口语交际注意事项

幼儿教师因工作需要会和很多社会相关部门有业务来往,如教育行政部门、社区门诊和医院等,在与这些部门的工作人员交流时,要注意以下几点。

（一）有礼貌

无论去哪个部门，无论是否见过办事人员，都应先敲门征得同意后方可进入。见面后要很有礼貌地问好并做自我介绍，如果对方先伸手要迅速相迎握手，如果对方点头致意，也要随之点头致意，但不可主动向对方伸手。

（二）有自信

向工作人员介绍完自己后，先确认一下对方是不是要找的人，确认后要自信地说明来意。在和对方交谈时要看着对方眼睛，但不可盯住不放，也不可左顾右盼，要学会用目光交流，表达自信和诚意。

（三）有倾听

在和工作人员交谈时，不要随意打断别人的话，要认真地听，还要在适当的时候点头表示认同，学会倾听也是开启人际关系的一把钥匙。

（四）有交流

在此类的人际交往中，如果一直处于倾听状态，就不能达到最终解决问题的目的，所以在合适的时候要接上话题，争取主动，把控方向，做有效的双向交流。

二、幼儿教师与社会相关人员的口语交际细节

（一）握手的礼仪

握手的顺序：主人、长辈、上司、女士主动伸出手，客人、晚辈、下属、男士再相迎握手。

握手的方法：

（1）一定要用右手握手。

用点头致意代替握手时，年轻者、职务低者也应随之点头致意。和年轻女性或异国女性握手，一般男士不要先伸手。

（2）要紧握双方的手，时间一般以 1~3 秒为宜。当然，过紧地握手，

或是只用手指部分漫不经心地接触对方的手都是不礼貌的。

（3）被介绍之后，最好不要立即主动伸手。年轻者、职务低者被介绍给年长者、职务高者时，应根据年长者、职务高者的反应行事，即当年长者、职务高者握手时，年轻者对年长者、职务低者对职务高者都应稍稍欠身相握。有时，为表示特别尊敬，可用双手迎握。男士与女士握手时，一般只宜轻轻握女士手指部位。男士握手时应脱帽，切忌戴手套握手。

握手时双目应注视对方，微笑致意或问好。多人同时握手时应按顺序进行，切忌交叉握手。

在任何情况下拒绝对方主动要求握手的举动都是无礼的，但手上有水或不干净时，应谢绝握手，同时必须解释并致歉。

（二）社交场合的空间距离

当人们进行交际的时候，交际双方在空间所处位置的距离具有重要的意义，它不仅告诉我们交际双方的关系、心理状态，而且也反映出民族和文化特点。心理学家发现，任何一个人需要在自己的周围有一个能够把握的自我空间，这个空间的大小会因不同的文化背景、环境、行业、不同个性等而不同。不同的民族在谈话时，对双方保持多大距离有不同的看法。根据霍尔博士（美国人类学家）研究，有四种距离表示不同情况。

（1）亲密接触（0～45cm）。交谈双方关系密切，身体的距离从直接接触到相距约1～45cm，这种距离适于双方关系最为密切的场合，比如说夫妻及情人之间。

（2）私人距离（46～120cm）。朋友、熟人或亲戚之间往来一般以这个距离为宜。

（3）礼貌距离（121～360cm）。适用于处理非个人事务的场合中，如进行一般社交活动，或在办公、办理事情时。

（4）一般距离（361～750cm）。适用于非正式的聚会，如在公共场所听演出等。

参考文献

[1] 廖俐,吕凌,许理华.幼儿教师口语[M].成都:西南交通大学出版社,2020.

[2] 王晶,冯华.普通话与幼儿教师口语[M].长春:吉林大学出版社,2020.

[3] 王素珍.幼儿教师口语训练教程 第3版[M].上海:复旦大学出版社,2020.

[4] 梁燕,余晓霞.幼儿教师口语[M].武汉:华中科技大学出版社,2018.

[5] 瞿亚红,吴晓云.幼儿教师语言技能[M].北京:高等教育出版社,2018.

[6] 吴雪青.幼儿教师口语 第2版[M].上海:华东师范大学出版社,2018.

[7] 黎昌友,雷蕾,邱庆梅.教师口语[M].北京:语文出版社,2018.

[8] 新时期幼儿教师口语训练实践研究[M].北京:中国书籍出版社,2017.

[9] 育萃教师类考试命题研究院.保教知识与能力 幼儿园[M].昆明:云南大学出版社,2017.

[10] 陈明华,黄旖旎,张妍.保教知识与能力 幼儿园[M].镇江:江苏大学出版社,2017.

[11] 陈虹,温勇,常彩卷.幼儿教师语言技能[M].武汉:武汉大学出版社,2016.

[12] 张永梅,范煜璟.幼儿教师口语[M].北京:清华大学出版社,2016.

[13] 中华人民共和国教育部.幼儿园工作规程3～6岁儿童学习与发展指南2016版[M].北京:首都师范大学出版社,2016.

[14]陈建超,任媛媛,杨平等.普通话水平测试实用教程[M].苏州：苏州大学出版社,2016.

[15]隋雯,高昕.幼儿教师口语 第2版[M].北京：高等教育出版社,2014.

[16]杜慧敏.普通话口语训练新编[M].北京：北京师范大学出版社,2014.

[17]赵丽华,董华江.幼儿教师口语[M].北京：中国劳动社会保障出版社,2014.

[18]李莉.幼儿教师口语训练[M].上海：华东师范大学出版社,2014.

[19]王向东,周贤英,刘雯等.幼儿教师语言表达技能训练教程[M].上海：复旦大学出版社,2013.

[20]王素珍.幼儿教师口语训练教程 第2版[M].上海：复旦大学出版社,2013.

[21]赵晓丹.幼儿教师的沟通与表达[M].北京：北京师范大学出版社,2013.

[22]马宏,高昕,王平,谢小辉.幼儿教师口语[M].北京：北京师范大学出版社,2011.

[23]谢维琪,李文娟.口语表达技巧[M].哈尔滨：黑龙江教育出版社,1994.

[24]潘月芳.幼师生交际口语能力培养[J].好家长,2019（5）.

[25]潘文杰.幼儿教师口语常见问题分析与纠正(一)[J].赤峰学院学报(汉文哲学社会科学版),2007（4）.

[26]袁增欣.幼师"讲故事"教学研究[D].石家庄：河北师范大学,2012.